DIANE
DE POITIERS

Coulommiers. — Imprimerie de A. MOUSSIN.

DIANE
DE POITIERS

PAR

M. CAPEFIGUE

PARIS
AMYOT, ÉDITEUR, 8, RUE DE LA PAIX
—
MDCCCLX

Le privilége de Diane de Poitiers, comme celui de la marquise de Pompadour, fut d'avoir présidé à une époque de grandeur et de rénovation dans les arts. Toutes les gloires passent, le souvenir de la douce protection accordée aux artistes survit à toutes; les noms de Léonard de Vinci, del Rosso, du Primatice, de Benvenuto Cellini, se mêlent à la mémoire de Diane de Poitiers.

Aujourd'hui encore, sur les frontispices des monuments de la Renaissance, sur les colonnes cannelées d'Anet, aux portes façonnées d'Amboise, sur les cheminées artistiques de Chambord, à Fontainebleau ou au Louvre, on voit le chiffre de Diane de Poitiers entrelacé à l'initiale de Henri II; car c'est surtout pendant le règne si rapide de Henri II que domine Diane de Poitiers; sous François Ier, sa puissance a été presqu'aussitôt effacée par la beauté froide et capricieuse de la duchesse d'Étampes, plus jeune qu'elle de vingt ans.

Sous le roi Henri II, Diane de Poitiers presqu'à quarante ans, gouverne par ses prestiges un jeune et chevaleresque roi; la Diane chasseresse, telle que l'a reproduite le Primatice dans ses bosquets mystérieux, le carquois sur l'épaule, les lévriers en laisse, peut vous donner une idée de la beauté merveilleuse de Diane de Poitiers.

La véritable Renaissance, avec son caractère ferme, dessiné, ne s'est produite en France que sous le règne de Henri II, et c'est à tort qu'on l'a exclusivement attribuée à François Ier. Catherine de Médicis (1) et Diane de Poitiers furent les grandes protections des artistes; et c'est à ces deux intelligences, l'une toute florentine, l'autre toute

---

(1) Voir ma *Catherine de Médicis*.

française, que nous devons les plus beaux monuments de l'art; elles protégèrent Germain Pilon, Philibert Delorme; elles tendirent la main à ce pauvre et brillant potier de terre, à ce merveilleux artiste, Bernard Palissy, dont les œuvres si recherchées éblouissent nos yeux par leur dessin et leur couleur.

Ce livre sur Diane de Poitiers devra trouver moins de contradicteurs que mon étude sur madame de Pompadour, et cette différence s'explique. Le nom de Diane de Poitiers ne s'est jamais mêlé à nos passions politiques contemporaines; si quelques maussades érudits ont porté leurs mains brutales sur les marbres ciselés de la Renaissance, nul n'avait intérêt à briser les statues de la Diane du château d'Anet. Il n'en a pas été ainsi de madame de Pompadour, et encore plus de la comtesse Du Barry; il fallait flétrir le règne de Louis XV pour exalter la révolution française; il fallait démolir la vieille monarchie en couvrant de boue les châteaux d'Étioles et le pavillon de Luciennes. Diane de Poitiers fut une ombre charmante comme la marquise de Pompadour et la comtesse Du Barry, mais on n'avait pas besoin d'ameuter contre elle les enfants des chastes déesses de la liberté et des pudiques vierges des salons du Directoire.

Je me suis donc trouvé à l'aise avec Diane de Poitiers et dans ces descriptions des œuvres de la Renaissance. Ce livre n'est pas une simple biographie; il m'a fallu embrasser tout le siècle de François Ier, ses brillantes campagnes d'Italie, d'où il rapporta le beau trophée des arts. Profondément pénétré des grandeurs de la Renaissance, je n'ai point abdiqué mes admirations pour le moyen-âge; il fut aussi une grande civilisation qui eut son art, sa foi, ses poëmes épiques, ses historiens, ses héros; et il y a cela même de particulier, c'est que toutes les fois qu'un peuple est appelé à de grandes choses, il imite le moyen-âge; quelle différence faites-vous entre ces nobles soldats qui meurent pour la patrie et les chevaliers de la croisade? Vos blasons ne sont-ils pas les émaux des vieux siècles, vos glorieux drapeaux un souvenir de l'oriflamme de Saint-Denis. Respectez donc le moyen-âge, c'est le temps des légendes de l'honneur, elles sont bonnes à quelque chose dans l'histoire des nations!

Paris, avril 1860.

DIANE DE POITIERS

I

LES ROMANS DE CHEVALERIE.

XVᵉ SIÈCLE.

Le règne de François Iᵉʳ fut le dernier reflet de la chevalerie. L'influence des écrits sur les mœurs, est un des faits les plus considérables dans l'histoire : quand les livres ont une certaine tendance, les habitudes s'y conforment bientôt comme à une nécessité qui vient de l'esprit. Après les héroïques récits des chroniqueurs sur les paladins de Charlemagne, était survenu un temps de batailles et de croisades (1). Après les légendes saintes, avait commencé la vie des tours isolées, de l'ermitage au désert, des légendes de la mort et de la pénitence ; tel fut le caractère des xiᵉ et xiiᵉ siècles, au milieu des ténèbres que dissipaient par intervalles les récits

---

(1) J'ai peint cette époque avec ses vives couleurs dans mon travail sur *Philippe-Auguste*.

des chroniques de Saint-Bertin, de Saint-Martin de Tours ou de Saint-Denis.

Au XVe siècle, s'était fait tout à coup, un réveil, au son des trompettes de la chevalerie ; presque toutes les vieilles épopées du moyen-âge furent traduites et mises en prose, non point fidèlement, telles qu'elles étaient lues au temps de Philippe-Auguste et de saint Louis, mais avec des épisodes d'amour, de gracieuses aventures, des combats courtois ou à outrance (1) : indépendamment des grands romans d'*Amadis de Gaule*, de *Lancelot du Lac*, de *Garin le Lorrain*, les dames, les chevaliers, les varlets, dans les longues soirées d'hiver lisaient avec avidité les charmants épisodes de *Gérard de Nevers*, de *Pierre de Provence et de la belle Maguelonne* ou de *Jehan de Saintré*, les poésies d'Eustache Deschamps et le plus grand de tous, Froissard en ses chroniques, avec Monstrelet son continuateur. La chevalerie s'accoutumait aux plus hauts faits d'armes, aux aventures les plus fabuleuses ; on étouffait dans le cercle des événements de la vie réelle ; tout ce

---

(1) Presque toutes les épopées en vers des XIIe et XIIIe siècles, furent traduites en prose de 1480 à 1520. Ces traductions ont été parmi les premiers livres imprimés in-folio. La Bibliothèque impériale en possède une belle collection.

qui n'était pas extraordinaire ne comptait pas dans l'existence d'un chevalier : il lui fallait de grands coups de lances, des prodiges accomplis dans des expéditions fabuleuses. Passes d'armes, tournois, rencontres, tout était marqué d'un caractère de fantaisie, d'honneur et de loyauté. Quel noble enseignement d'amour et de respect pour les dames ! quel mépris de la crainte, quel dédain du danger sur le champ de bataille ; quelle école d'honneur et de soumission que celle des pages, des varlets, des écuyers, dans cette vie consacrée à un devoir, à un amour ! Les belles miniatures de la chronique de Froissard reproduisent les scènes animées de la vie du paladin ; on voit partout des épées et des lances croisées, en présence des vieux chevaliers experts aux faits des joutes. Les manuscrits si précieux des *tournois du roi Réné* (1), si bien enluminés, nous donnent la mesure du soin que l'on mettait à régler toutes les conditions de ces joutes ; le digne et bon roi avait lui-même dessiné les *festes et divertissements* de la procession de la Fête-Dieu à Aix, où toutes les règles de la chevalerie

---

(1) Le manuscrit des *Tournois du roi Réné* est un précieux monument de l'art. Le cabinet des manuscrits de la Bibliothèque Impériale en possède un magnifique exemplaire.

étaient observées, même *la passade* qui précédait les tournois (1).

Jamais d'oisiveté dans cette vie ; quand on n'était pas en guerre, aux tournois, on allait à la chasse ; les cités étaient trop étroites, les châteaux trop enserrés de tourelles et de murs ! Autour de ces châteaux, étaient d'immenses bois, des forêts séculaires, taillis épais, où s'abritaient le loup, le sanglier, le cerf ; la chasse était devenue une science, sur laquelle plus d'un preux chevalier écrivait des livres. La meute, le courre, les toiles, tout était un sujet d'études pour le châtelain ; l'art de venaison s'appelait le *déduit de la chasse* : « Comme il suit qu'il n'y ait en ce monde plus louable exercice que celui de la chasse, vénerie et faulconnerie, en faisant lequel exercice santé corporelle est corroborée, plaisirs vénériens oubliés (2). » « Bestes sauvages et oiseaux qui phaonent dans l'air, par le droit des gens sont à ceux qui peuvent les prendre » (3) (les lois rigoureuses contre les braconniers ne

---

(1) *La description de la Fête-Dieu d'Aix* du roi Réné a été plusieurs fois imprimée ; l'édition la plus exacte est celle d'Aix (1610).

(2) Préface *du déduit de la chasse au cerf*.

(3) Bouteillier, *Somme rurale*, un des livres de jurisprudence le plus remarquable du moyen-âge. Bouteillier était conseiller au Parlement de Paris au milieu du XVe siècle.

datent que de Henri IV). L'habituelle division des livres de chasse était entre la vénerie et la fauconnerie ; l'une accomplie par les chiens, l'autre par les oiseaux, et parmi tous les nobles oiseaux, il faut compter le faucon : élevé avec grand soin dans les châteaux, il ne craignait la lutte avec aucun oiseau de proie, pas même avec l'aigle, le roi de l'air, qu'il attaquait avec intrépidité, image de l'audace des chevaliers, qui ne comptaient ni la force, ni le nombre des adversaires. Ceux qui veulent se faire une juste idée des grandeurs de la chasse sous le système féodal, peuvent lire le beau livre de Gaston de Foix : « *Le miroir de Phœbus du déduit de la chasse des bestes sauvages et des oiseaux de proie.* » Les dames chassaient souvent au faucon blanc, dont la renommée s'étendait de l'occident à l'orient, à ce point, que pour la rançon des barons de France à la croisade, on faisait entrer de six à douze faucons blancs (1). Les Sarrasins nous enviaient ces faucons, ainsi que ces beaux chiens, race perdue, que Charlema-

---

(1) Charles VI envoya à Bajazet des vautours et des faucons ; il les accompagna de gants bordés de perles destinés au sultan pour les porter en chasse. Les deux frères Ste-Palaye ont donné de bien curieux renseignements sur la chasse au moyen-âge dans leurs admirables *Mémoires sur la Chevalerie.*

gne envoyait au calife Aroun-al-Rechyd, pour lutter contre les lions du désert. L'art d'élever les meutes entrait dans la vie du chevalier.

Il est facile de comprendre sous quelles idées, d'après quelles impressions allait s'ouvrir l'époque de François Ier. La chevalerie était dans les livres, dans les mœurs, dans les habitudes; pour conduire cette société, il fallait un roi un peu romanesque dans ses idées, grand lecteur de ces *chansons de geste*, imitateur de Roland, d'Olivier le Danois, de Renaud de Montauban. Les siècles suivants ont pu trouver ce caractère ridicule, mais la splendeur et les fautes de François Ier vinrent des lois de la chevalerie qui commandaient de ne jamais compter les périls et de courir les aventures ; il prit pour modèle *Amadis de Gaule*, noble type de courage, de désintéressement, de haute loyauté, que les siècles égoistes sont trop portés à tourner en raillerie, et que l'on trouve encore dans nos camps !

II

CHARLES VIII ET LOUIS XII EN ITALIE.

1480 — 1514.

Après le règne politique et sombre de Louis XI, il s'était fait une réaction de jeunesse, de joie et de liberté, à l'avènement de Charles VIII ; il était impossible de tenir longtemps les têtes ardentes des gentilshommes sous la calotte de plomb de Notre-Dame, ou d'abriter leur coursier dans les tourelles du Plessis ; on voulait respirer l'air au loin et reprendre un peu la vie ardente et joyeuse des croisades. La régence de la dame de Beaujeu fut signalée par une prise d'armes de la chevalerie : la guerre de Bretagne suivit la mort de Louis XI, expédition remplie d'épisodes et presque de féeries dans ce pays de périlleuses aventures. Les romans de la table ronde étaient d'origine bretonne : la fée Morgane, le roi Arthur, Tristan le Léonais, la belle Iseult appartenaient à la Bretagne (1).

(1) Sur cette guerre, on peut consulter les savantes recherches de Foncemagne, tomes XVI et XVII de l'*Académie des Inscriptions*.

Ce qui marqua plus encore le caractère jeune et aventureux du nouveau règne, ce fut le désir, la volonté d'une expédition en Italie, que Charles VIII accomplit à 24 ans. Le cauteleux Louis XI avait été plus d'une fois appelé, en vertu du droit héréditaire de la maison d'Anjou, à prendre possession du royaume de Naples, du duché de Milan ; les Génois eux-mêmes s'étaient offerts à Louis XI et à sa suzeraineté. Le vieux roi qui connaissait le caractère des Italiens, l'inconstance de leur soumission, les avait donnés à Sforza, ou, comme il le disait, au diable (1). Louis XI avait bien d'autres choses à faire qu'à conquérir des royaumes lointains ; il assurait son autorité en France dans sa lutte patiente contre les ducs de Bourgogne ; il n'avait emprunté à l'Italie qu'un corps d'hommes d'armes Lombards, que Ludovic Sforza, son bon ami, lui envoyait, avec le conseil d'enfermer ses ennemis dans de petites cages de fer au château de Loches, précaution italienne ; c'était la mort sans le sang versé, une manière d'étouffer les victimes sans les faire crier.

---

(1) Philippe de Comines, livre VIII. Les Génois avaient dit dans une supplique : « Nous nous donnons à vous. » Louis XI impatienté répondit : « Et moi je vous donne au diable ! »

Charles VIII recueillit avec enthousiasme les droits héréditaires de la maison d'Anjou sur l'Italie. Cette conquête sous un beau ciel allait à ses goûts, à son caractère ; il y ajouta un projet plus grandiose dans les idées de ce siècle d'aventures. Après la dynastie éphémère des empereurs francs et latins (1), l'empire byzantin était revenu aux Paléologues, cette famille de princes aux couleurs pâles, aux bras efféminés couverts de chapes de pourpre, semblables aux figures de saints sur fond d'or, qui, les yeux larges et fixes, vous regardent du haut du chœur de l'église de Saint-Marc à Venise. Bientôt les Turcs, race forte et tartare, avaient brisé les dernières barrières qui défendaient Constantinople ; la cité des empereurs était foulée aux pieds par ces cavaliers intrépides qui menaçaient la Grèce et l'Italie, portant pour étendard la queue de leurs chevaux.

Nul événement ne produisit une plus profonde impression sur la chrétienté. Toute la chevalerie s'en émut, et Charles VIII se plaçant à la tête

---

(1) Le beau travail de Ducange ne laisse rien à désirer sur la domination des Empereurs francs à Constantinople, Paris 1642. — Cette grande famille de Ducange a laissé des monuments impérissables sur lesquels vivent les érudits modernes qui refont les lexiques et les glossaires.

de cette nouvelle croisade, se fit céder par un diplôme tous les droits de la famille Paléologue au trône de Constantinople (1). Le roi de France n'avait que dix mille lances; son passage en Italie fut prodigieux, nul obstacle ne s'opposa à la consécration de ses droits, et le pape Clément VII put dire : « les Français semblent être venus en Italie la craie à la main pour marquer leur logement.

Ces chevaliers en effet conquirent le Milanais, la Toscane, Rome, sans bataille ; et, arrivé à Naples, Charles VIII fit cette fastueuse entrée, dont il est tant parlé dans les chroniques, couvert du manteau impérial, tandis que les héros d'armes proclamaient la grandeur et la magnificence du nouvel Auguste. Charles VIII eût achevé son entreprise, si les Anglais et les Espagnols n'avaient simultanément attaqué le royaume de France durant l'absence du Roi. Rappelé par le péril de sa monarchie, Charles VIII traversa de nouveau l'Italie, en refoulant la coalition des États italiens qui s'était formée contre lui ; la chevalerie de France dispersa l'armée des confédérés : vénitiens, romains, toscan, milanais, réunis pour

(1) Ce diplôme est donné dans le travail de Foncemagne : *Éclaircissements sur le voyage de Charles VIII en Italie*, t. XVII, Académie des Inscriptions.

lui fermer le passage près le lac de Trasimène, si célèbre sous la vieille Rome. Ce fut merveille de voir ce que pouvait le courage et la force des chevaliers de France contre ces Italiens groupés, plutôt que réunis, dans une ligue sans unité, avec du courage individuel sans âme de nation.

Après la mort de Charles VIII, Louis XII reprit l'œuvre de la conquête de l'Italie ; jeune alors, il n'avait pas encore cet esprit de paix et de repos qui domina la fin de son règne ; le roi de France suivit l'impulsion de sa brave chevalerie, de ses chefs de gens-d'armes, dont la plus belle expression se trouve dans la Palisse et Bayard. Louis XII fit son entrée à Milan revêtu des habits du duc (1), et confia le gouvernement du Milanais au maréchal de Trivulce, d'une grande famille italienne : A son aide, Sforza appela les Suisses, qui, depuis Louis XI, commençaient à jouer un rôle politique dans l'histoire. Ces rudes montagnards rétablirent Sforza dans la souveraineté de Milan ; jamais il n'y eût tant d'inconstance dans les populations lombardes, tant de bravoure dans la chevalerie française :

(1) Les premières gravures de la Renaissance reproduisent l'entrée de Louis XII à Milan et à Gênes (Bibliothèque Impériale). On peut y voir quelles étaient les armures de la chevalerie, le casque et l'armet.

trois fois le Milanais fut conquis, abandonné, puis repris. Sforza et les Suisses étaient préférés à la noblesse de France par ces peuples versatiles qui n'osaient pas se gouverner eux-mêmes. Qu'étaient les Sforza? des aventuriers qui avaient usurpé le pouvoir : sous leur robe ducale, on voyait encore la grossière armure des condottieri (1) ! Les peuples supportent plutôt le despotisme que la raillerie ; ils aiment mieux l'oppression que le ridicule.

(1) Guicchardini est fort intéressant sur les événements de l'Italie ; mais il est passionné contre les Français. C'est un véritable Italien. *Historia d'Italia*, t. 1er. J'ai la curieuse édition *princeps* de Florence sans date. Guicchardini a beaucoup de Tacite.

III

LES CAPITAINES DES GENS-D'ARMES SOUS LOUIS XII. — LE COMTE DE SAINT-VALLIER. — ORIGINE DE DIANE DE POITIERS.

1488—1514.

Le vieux Dunois, du règne de Charles VII, n'était plus : si le bâtard d'Orléans n'avait pas toujours été fidèle à une même cause, si on l'avait vu plus d'une fois à la tête des ligues du bien public, il avait toujours été digne de sa bonne épée, *tranche-haubert*, et de son blason à trois fleurs de lys, sur champ d'azur, avec la barre de bâtardise; son image était peinte même sur les cartes enluminées qui avaient servi à distraire la folie de Charles VI (1). Dunois avait eu de dignes successeurs et des capitaines expérimentés, qui s'étaient formés dans les guerres d'Italie sous Charles VIII et Louis XII.

Le plus ancien était La Trémouille, brave chevalier du Poitou, vicomte de Thouart, prince

(1) Lahire (le valet de cœur) a été seul conservé jusqu'aujourd'hui. Il a été fait beaucoup de dissertations sur les cartes à jouer. (Voyez un travail spécial dans mon *Agnès Sorel*.) Dunois était mort sous le règne de Louis XI en 1468.

de Talmont, déjà très-illustre dans les guerres de Bretagne et chef de l'artillerie dans l'expédition d'Italie; il avait partout brillamment combattu : à Naples, en Lombardie. Redouté des Allemands et des Italiens, il mérita le titre de chevalier sans pareil (1).

Presque son égal en naissance et son rival de gloire, Chabannes, seigneur de la Palisse, dont le nom devint le type de la guerre et le sujet des chansons militaires (2) dans les siècles suivants : « Chabanne, le grand capitaine de beaucoup de batailles et de beaucoup de victoires, (*el gran capitano de muchas guerras y vittoria*). » (3), comme le disaient les Espagnols, Chabannes qui, à la tête de trente chevaliers, osa défier toute l'armée de Castille.

Voici enfin Pierre du Terrail, seigneur de Bayard, de noble et ancienne maison du Dauphiné (4); né en 1476, il avait été page du duc de Savoie; à treize ans, il passa au service de Char-

---

(1) La Trémouille avait épousé Gabrielle de Bourbon (Histoire monumentale de la maison La Trémouille par Fauché).

(2) C'est en abusant de cette tradition que La Monnaie au xviiie siècle fit la fameuse chanson de *Monsieur de la Palisse est mort*.

(3) Brantome *Vie des Capitaines français*.

(4) La vie de Bayard a été écrite par un de ses écuyers qui s'intitule *loyal serviteur*. — Paris 1515, in-4°.

les VIII qu'il suivit en Italie ; presque enfant, il avait brillé dans les tournois. A dix-huit ans, il avait pris une enseigne à la bataille de Fornoue, et tué l'orgueilleux Santo-Mayor dans un de ces beaux combats corps à corps, en présence de l'armée. Seul, appuyé sur un pont comme les héros de l'antiquité, Bayard s'était si bien défendu, que les Espagnols doutaient si ce fut un homme ou un diable. Partout on ne parlait que du chevalier Bayard, aux siéges de Milan, de Brescia, dans le Roussillon, la Picardie aux batailles, aux assauts, présent aux périls, aux coups de balles et de couleuvrines.

A toutes les époques, il se révèle des types d'honneur, que l'on exalte comme un exemple, un étendard pour toute une chevalerie ; Bayard fut l'objet des légendes ; on l'appela le chevalier *sans peur et sans reproche* ; et il y en avait très-peu sans reproches à une époque où les hommes de vaillance ne gardaient pas toujours le respect des choses et d'eux-mêmes !

Plus jeune encore que Bayard, Gaston de Foix, de l'illustre maison des comtes de Narbonne, neveu du roi Louis XII, la foudre d'Italie, comme on aimait à le nommer, combattait les Espagnols, les Vénitiens, les Lombards, avec une vaillance que la mort devait couronner à la bataille de Ravennes. « Après avoir refréné et rembarré les Suisses, Gaston tourna ses enseignes de l'autre côté du Pô, et, cheminant par la Romagne, il vint du côté de Ravennes ; là fut donnée une bataille, la plus renommée que de longtemps fut donnée en Italie. » La victoire obtenue, Gaston de Foix se précipita avec un petit nombre de ses Gascons sur les Espagnols, qui, ayant déchargé leurs arquebuses et baissé leurs piques, entourèrent la troupe de France : « Gaston, combattant avec héroïsme, eut son cheval tué sous lui, et il fut blessé d'autant de coups, que, depuis le menton jusqu'au front, il en avait quatorze » (1).

Lautrec, cousin de Gaston de Foix, avait une bravoure indomptable ; il tomba blessé à Ravennes. Anne de Montmorency, le filleul de la reine, Anne de Bretagne, femme de Louis XII, tout jeune encore, combattait comme page à côté de Bayard et de Gaston de Foix. Ce nom de Montmorency portait un glorieux apanage aux barons, maréchaux, connétables.

Que reste-t-il maintenant de ces grandes lignées ? quel souvenir est demeuré debout ? la vieille tour, origine des Buchard, nid d'aigle

---

(1) Brantome (*Vie des grands Capitaines*).

qu'assiégea Louis VI, est même démolie ; et seul peut-être, au milieu d'une multitude bruyante et en fête, je contemple la vieille église, dont les vitraux en ruine, décorés des ailerons blasonnés, ont salué le sire de Montmorency (1).

Le plus remarquable entre tous, celui que les gens d'armes comparaient à Roland pour la vaillance, et les hardies conceptions, était le connétable de Bourbon, le véritable vainqueur de la bataille de Marignan ; sa science de guerre était supérieure à celle de tous ses contemporains, même à l'habileté de Prosper Colonne et de Peschiera.

Il était fils de Gilbert, comte de Montpensier (2), et par conséquent l'héritier des riches domaines de la maison de Bourbon. Autour de lui se groupaient de nombreux vassaux, et le plus fidèle de tous, son cousin, Jean de Poitiers, seigneur de Saint-Vallier en Dauphiné, brave et hardi capitaine de cent hommes d'ar-

---

(1) L'église de Montmorency contient la tombe de quelques nobles Polonais morts en exil après la révolution de 1830. Le peuple de St-Casimir toujours pieux, était digne de s'abriter dans l'église des Montmorency.

(2) La mère du connétable était Claire de Gonzague. Il était né en 1489. Sa vie a été écrite par son écuyer Gilbert de Marillac, baron de Puissac.

mes (1) ; son château s'élevait sur le Rhône, dans ces montagnes abruptes des côtes du Vivarais, où se voit encore aujourd'hui la roche taillée.

Le sire de Saint-Vallier avait une jeune fille d'une beauté remarquable, auquel il avait donné le nom de Diane. A six ans à peine, elle montait à cheval, allait en chasse avec son père; elle savait élever le faucon et l'esmerillon d'une manière merveilleuse (2). A l'âge de dix ans, elle fut promise à Louis de Brézé, comte de Maulevrier. Louis de Brézé, grand-sénéchal de Normandie, descendait par bâtardise du roi Charles VII : sa mère était la fille des amours d'Agnès Sorel. Il avait reçu de la gentille Agnès le nom de Maulevrier, à cause de son rude amour pour la chasse; enfant, il était déjà terrible au gibier ; il aimait Diane reproduite sous les traits de la déesse des forêts. Les Brézé étaient d'une grande race de Normandie (qu'il ne faut pas confondre avec les Dreux, sortis des maîtres de requêtes, qui reçurent le nom de

(1) On ne peut bien connaître l'origine et le caractère du comte de Saint-Vallier que par les pièces du grand procès poursuivi contre le connétable et que le savant Du Puy a publiées en 1665.

(2) Diane de Poitiers était née le 3 septembre 1499. C'est à tort que Bayle a placé sa naissance au 14 mars 1500.

Brézé) (1). Le mariage de Diane de Poitiers avec Louis de Brézé fut célébré presqu'en guerre; le comte de Saint-Vallier ne quittait pas le connétable de Bourbon, à la tête des gens d'armes et son plus fidèle conseiller; compagnon des batailles de Bayard, de Gaston de Foix et de la Palisse, il avait fait les guerres d'Italie avec la Trémouille et Lautrec, brave chevalerie qui après avoir suivi Louis XII, allait entourer l'avènement de François Ier, comme les paladins groupés autour de Charlemagne. Génération pleine de merveilles et des grandes choses de la guerre, que François Ier devait satisfaire par des victoires et des conquêtes lointaines !

(1) La famille actuelle des Dreux-Brézé vient des Dreux, maîtres des requêtes.

IV

LA CHRONIQUE DE L'ARCHEVÊQUE TURPIN. — LE
MONDE ENCHANTÉ.

1200—1510.

Cette impulsion vers les actions héroïques, toute la génération la recevait d'un livre populaire, d'une légende, *la chronique de l'archevêque* (1) *Turpin*, épopée traditionnelle sur Charlemagne. Ce ne sont, en général, qu'avec les glorieux mensonges, que les peuples sont conduits à l'héroïsme ; les réalités n'ont jamais enfanté que la vie matérielle : les Grecs et les Romains eurent leurs fables des dieux et des demi-dieux, d'Hercule et de Mars, leurs temps qu'on appela héroïques ; et les époques modernes,

---

(1) L'archevêque Turpin, ou Tulpin, n'est pas un nom imaginaire, comme on l'a cru jusqu'ici ; les savants bénédictins l'ont placé le 29ᵉ dans la chronologie des archevêques de Rheims ; ils le font mourir de 810 à 814. Le livre, qui lui est attribué, porte le titre de : *Vita Caroli Magni et Rolandi* : on l'a rejeté parmi les fables, je crois que c'est à tort ; il y a des manuscrits du xıᵉ siècle qui en constatent l'authenticité. Jamais livre ne fut plus populaire. Lacurne Ste-Palaye, le grand érudit, en comptait 13 exemplaires à la Bibliothèque du Roi seu-

malgré leur prétention au réalisme, ont été conduites aux grandes actions par les épopées de leurs chroniques sur la Révolution et l'Empire. L'archevêque Turpin, *il buon Turpino*, tant invoqué par l'Arioste, avait écrit une légende sur Charlemagne, ses douze pairs, ses barons, ses paladins : on ne voyait partout que géants, nains, enchanteurs, nécromanciens et des exploits à faire croire qu'il existait alors une génération d'une nature particulière, invulnérable aux coups, qui ne mourait que d'une façon fabuleuse, qui ne tombait qu'en fendant les rochers à coups d'épée comme Roland à Roncevaux.

Ce n'étaient pas les paladins seuls qui avaient le privilége de l'épopée mais encore leurs chevaux de bataille, leurs armes enchantées ; chaque chevalier d'une certaine renommée avait son coursier bien-aimé, d'une intelligence égale à celle de l'homme, doué de sens et de passions comme lui ; la généalogie des chevaux, leur histoire était aussi connue que celle des héros. Chaque chevalier avait son coursier doté d'in-

---

lement. Dante invoque souvent la chronique de Turpin ; le roi Charles V fit faire deux bas-reliefs sur des coupes d'or qui représentent les exploits de Charlemagne, d'après la chronique de Turpin. Un savant de Florence, M. Ciampi, a publié une édition magnifique de la chronique de Turpin (1823) à la suite du roman de Philomena *de gesta Caro i Magna*.

telligence, d'une double vue; il s'arrêtait tout d'un coup, quand un danger menaçait son maître, il dressait les oreilles, soulevait la poussière, quand il approchait d'une embûche dressée par un enchanteur malfaisant, et les nobles chevaux de Roland, d'Otger le Danois, de Renaud de Montauban couraient à toute bride à travers les sentiers, les taillis sombres des forêts, pour les conduire à leurs maîtresses, Angélique, Bradamante, Marphise, qu'ils saluaient en s'agenouillant devant elles comme de doux agneaux (1).

Chaque pièce de l'armure d'un chevalier avait aussi sa tradition, son histoire : le cor enchanté qui retentissait à travers la campagne, la lance merveilleuse dont le simple contact renversait un cavalier ; les paladins faisaient tant de prodiges qu'on pouvait croire qu'il y avait une âme dans chaque épée; toutes avaient leur nom; *la Bonne Joyeuse, Durandal* (2), *Flamberge*, qui

---

(1) Ariosto qui s'était nourri pour son *Orlando furioso* de la lecture attentive des romans de chevalerie, donne à tous ses chevaux une intelligence féerique ; l'hypogriphe de Roger est un emprunt à l'antiquité.

(2) Je renvoie aux admirables *Mémoires* de Ste-Palaye sur l'ancienne chevalerie. Pure et belle vie que celle des deux frères Ste-Palaye, tout entière consacrée à l'étude des monuments de notre ancienne France.

pourfendaient des géants invulnérables, ou qui faisaient brèche dans la montagne, comme dans une molle argile. L'armure d'un paladin était sa gloire et son orgueil; son casque, sa cuirasse, son brassart le couvraient tout entier. On ne savait son nom, son origine, que par le blason qu'il portait : aux fleurs de lis, aux merlettes, aux ailerons, aux tourteaux, on savait sa famille; par les émaux et les barres, on savait aussi s'il était aîné, cadet, et même bâtard, à quelle maison il s'était allié. Chaque pièce de son écu était un souvenir de bataille ou d'action héroïque, et s'il était permis d'employer une expression moderne, le blason était comme le certificat de civisme au moyen-âge pour les grandes actions, ou bien une flétrissure pour la félonie ; il était la garantie de la société féodale pour la défendre et la protéger (1).

Ce monde d'enchantement embrassait tout de ses créations merveilleuses : on était entouré de féeries, ces illusions charmantes qui trompent et amusent encore nos sociétés blasées. Les blessures même des chevaliers se guérissaient par des baumes enchantés; l'art de guérir les

(1) Rien de plus curieux que le travail du père Ménétrier *sur les armoiries ;* la science du blason est si attrayante : on y a commis tant d'erreurs aux temps modernes !

plaies profondes, les coups d'épées et de lances, entrait dans l'éducation des châtelaines, toutes si empressées auprès des chevaliers blessés (1). On doit croire qu'il existait alors des secrets inconnus de nos jours, car tout se guérissait par des simples cueillis dans la campagne, ou par des baumes préparés dans chaque château, quand on ne recourait pas à l'art de quelque nécromancien ou enchanteur, tel que Maugis, le cousin des quatre fils Aymond, avec les bons tours qu'il joue à Charlemagne, ou Merlin, des légendes bretonnes. Quel que soit le jugement que l'on porte sur ce monde merveilleux, il est impossible de nier qu'il avait créé ce peuple de héros, cette belle lignée de chevaliers qui précéda le règne de François Ier. La *chanson de Roland*, entonnée par le hérault d'armes avant la bataille, depuis Guillaume-le-Conquérant (2) n'était-elle pas le résumé de l'épopée chevaleresque? et si les paladins faisaient de si grandes prouesses, c'est qu'ils avaient la pensée que leurs aïeux en avaient fait de plus

---

(1) Les romans de *Lancelot du Lac*, d'*Amadis de Gaules*, les vrais miroirs des coutumes du temps, en contiennent mille exemples. La Colombière les a recueillis dans son beau livre : *Théâtre d'honneur et de chevalerie*.

(2) Roman de Rou ou de Rollon, duc de Normandie.

grandes encore. Chaque génération, qui se propose de glorieux exploits, a sa légende, ses chansons de Roland ; la démocratie a les siennes, aussi fières, aussi hardies que celle que récitait la chevalerie au moyen-âge.

Aussi, faut-il en vouloir à tous ces mauvais esprits qui raillent les nobles illusions, ou si l'on veut, les mensonges illustres des peuples : à travers ces belles banderolles de tournois, ces faisceaux d'épées et de lances, ces palais enchantés, on aperçoit la méchante figure de Rabelais, aux joues saillantes, aux yeux ronds, à l'expression ignoble; rien de bas, de commun, comme cette figure de Rabelais (1), telle que la peinture nous l'a conservée (2) ; sa vie bouffonne et crapuleuse, il la consacre à détruire les croyances dorées, à se moquer des chevaliers loyaux: les illusions glorieuses pour le devoir, pour la patrie, il les place dans son île des lanternes; érudit, farci de grec et de latin, à la grosse panse, aux lèvres épaisses, aux yeux égrillards, avec ses doigts sales et crochus, il gratte les

(1) Musée de Versailles (Galerie de portraits).
(2) Rabelais qui a été presque l'objet d'un culte pour toute une école universitaire, était né en 1483 à Chinon en Tourraine. Le pape Clément VII fut plein de bonté et d'indulgence pour ce mauvais esprit : Les philosophes ont beaucoup exalté Rabelais parce qu'ils ont tué aussi la poésie de l'héroïsme.

blasons, souille les étendards; les soldats ne sont plus que les moutons de Panurge, et dans sa langue inintelligible, il détruit les grandes causes d'orgueil pour les nations. Les époques modernes ne sont pas exemptes de leur Rabelais, natures mauvaises et égoïstes, qui tuent les poëmes épiques des peuples.

V

NAISSANCE, ÉDUCATION ET MARIAGE DE FRANÇOIS Ier.

1494 — 1514.

L'arbre généalogique de François Ier est difficile à retrouver, car il n'était qu'une frêle branche sur le tronc verdoyant des Valois, comme le dit Clément Marot. Le roi Charles V avait plusieurs fils ; le cadet, duc d'Orléans, épousa Valentine Visconti, fille du seigneur de Milan, mariage qui le fit riche en écus d'or : origine des droits de la France sur le Milanais. Le duc d'Orléans fut ce prince galant, léger, frappé au cœur par les ordres jaloux de Jean, duc de Bourgogne, au coin de la rue Barbette (1).

Il laissa trois fils ; l'aîné monta sur le trône sous le nom de Louis XII ; le second, comte des Vertus, ne laissa pas de postérité légitime ; le troisième, Jean, fut créé duc d'Angoulême (2).

---

(1) Le 28 novembre 1407 (Juvénal des Ursins : *Histoire de Charles VI*). L'hôtel de la rue Barbette existe encore selon la tradition hasardée. La maison que l'on voit aujourd'hui ne date pas au delà du XVIIe siècle. Les chroniques de Monstrelet entrent dans de grands détails. t. I. p. 36.

(2) La vie du comte d'Angoulême a été écrite par Papyrus,

Le Roi avait eu également un bâtard, le vaillant comte de Dunois (1), tige de la maison de Longueville. Jean, comte d'Angoulême, captif pendant vingt-six ans, comme gage et rançon, en Angleterre, y épousa Marguerite de Rohan ; il en eut un fils, Charles, comme lui, duc d'Angoulême, marié à Louise de Savoie ; son fils aîné reçut en baptême le nom de François, comte d'Angoulême (il fut depuis le roi François Ier).

Rien de plus attrayant, que le journal de Louise de Savoie, écrit sur l'enfance de François Ier, celui qu'elle nomme son roi, son seigneur, son César et son fils ; c'est une tendre mère qui suit toutes les pulsations du cœur de son enfant ; elle recueille les premières larmes que François versa à trois ans (2), quand il perdit son petit chien Hapagon « qui était de bon amour et loyal à son maître (2) : » Louise de Savoie avait d'abord résidé à Cognac, dépendance de son apanage ; quand Louis XII

Masson et Jean Du Port. On trouve des détails exacts dans l'*Art de vérifier les dates*, par les bénédictins.

(1) Le comte Dunois était fils de Louis XII et de Mariette d'Enghien.

(2) Né le 14 novembre 1494.

(3) Le *Journal* de Louise de Savoie embrasse l'histoire depuis 1501 jusqu'en 1522. Il a été publié en outre par Guichenon, *Histoire généalogique de la maison de Savoie.*

monta sur le trône, elle vint résider au château d'Amboise, la demeure royale. Un jour que l'enfant montait avec imprudence une haquenée, que le maréchal De Gyé, son gouverneur, lui avait donnée, il fut emporté à travers la forêt ; on craignit pour sa vie : « mais Dieu, continue le journal de Louise de Savoie, ne me voulut m'abandonner, connaissant que si cas fortuit m'eût si soudainement privée de mon amour, j'eusse été trop infortunée » (1).

A treize ans, rien n'était plus impétueux et plus brave que François, à qui son royal cousin Louis XII donnait le comté de Valois. Le premier à tous les exercices de chevalerie, à la lutte, aux joutes, il reçut dans un de ces combats, une pierre au front, lancée avec tant de violence par une fronde, qu'on le crut mort ; on lui rasa la tête, jamais depuis il ne porta de cheveux, comme on peut le voir dans tous ses portraits de la renaissance. Louis XII, pour retenir ce caractère violent, le mit aux mains d'un chevalier prudent et sage, Arthur de Gouffier de Boissy (2), qui, pour exprimer son devoir de

---

(1) Brantome dit de Louise de Savoie : « Elle était très-belle de visage et de taille, et à grand peine voyait-on à la cour de plus riche que celle-là. »

(2) Les Gouffier étaient de la noblesse de Poitou.

surveillance tendre et attentive auprès d'un élève de cette trempe de feu, donna pour devise à François, la salamandre avec cette légende, *nutrisco et extinguo*, (je le nourris et je l'éteins), c'est-à-dire, je l'instruis et je le contiens (1) : explication naturelle d'une devise interprêtée de mille manières étranges par les érudits. Cette salamandre et cette devise effacées pour d'autres grandeurs plus modernes, sont restées sur quelques vieilles portes en ruine du château de Fontainebleau (2) ; plus respectées au château de Blois, la salamandre brille sur les fenêtres ornées de la renaissance, comme le chiffre de Diane de Poitiers et d'Henri II sur le vieux Louvre.

François était alors un gros garçon d'une stature élevée, à la figure épanouie, l'œil ardent, le nez long, un peu descendant sur ses lèvres amincies, fort aimé de Louis XII, qui cherchait à le marier, car le roi de France avait perdu ses deux fils et ses héritiers en bas-âge ; il ne lui

---

(1) C'était alors le temps des devises et des symboles comme on peut le voir dans les monuments contemporains. J'ai trouvé sur une médaille qui porte la Salamandre de François Ier cette devise :

Discutit hæc flammam Franciscus robore mentis
Omnia pervicit, rerum immersabilis undis.

(2) Il est triste de voir l'abandon des souvenirs de François Ier à Fontainebleau.

restait qu'une fille, madame Claude (1), un peu disgracieuse de sa personne, mais d'un excellent cœur, d'une nature élevée ; un moment promise au prince d'Espagne, depuis Charles-Quint, elle s'éprit de François, comte de Valois, et le mariage se fit avec solennité le vingt-deux mai 1506 ; nouveau lien qui le rapprochait de la couronne. Désormais, François d'Angoulême comte de Valois et Gaston de Foix, devinrent les bien-aimés du roi Louis XII. Le brillant Gaston mourut les armes à la main, comme on l'a vu, devant Ravennes, inspirant à tous de vifs regrets. François reçut le commandement des chevaliers qui marchaient en Navarre contre les Espagnols ; il s'y couvrit de gloire dans une rapide expédition des montagnes. Les Anglais ayant envahi la Picardie, le comte de Valois courut encore pour les combattre ; au milieu de la bataille et sous la tente, mourut Louis XII, en laissant son héritage royal à son cousin (2),

---

(1) Madame Claude, fille de Louis XII, portait pour devise la lune éclatante et cette légende : *candida candidis*.

(2) 15 janvier 1515. On peut voir son admirable tombeau, sur lequel il est placé à côté de la reine Anne de Bretagne, dans l'église de St-Denis. Je m'y suis souvent arrêté, tandis que la foule allait visiter les tombeaux replâtrés. Quand abandonnera-t-on cette horrible manie de mettre du plâtre sur toutes les statues du moyen-âge ?

au mari de sa fille bien-aimée, qui prit le nom et le titre de François Ier, avec le blason fleurdelisé des Valois.

Ce n'était donc pas un prince inconnu que la naissance élevait au trône : François Ier avait vécu si longtemps à la cour de Louis XII, qu'on savait ses défauts et ses qualités; il s'était fait d'ardents amis : Brion, Montmorency, Montchenu (1). L'un fut amiral l'autre connétable après le duc de Bourbon, Montchenu fut maître de l'hôtel, c'étaient les trois plus braves épées parmi les gentilshommes, et le nouveau roi les avait à son service pour son règne.

François Ier fut sacré à Reims par l'archevêque Robert de Lenancour (2) ; on remarqua ses libéralités, sa mine martiale, son adresse et son intrépidité dans le tournois qui eut lieu à Paris, dans la rue Saint-Antoine près des Tournelles ; sa haute stature frappait tout le monde. Les bouillants gentilshommes secouaient avec plaisir le règne calme et justicier de Louis XII, trop

---

(1) Brantome se plaint un peu de la faveur exclusive des amis de François Ier :

« Sire, si vous donnez pour tous
A trois ou quatre,
Il faut donc que pour tous,
Vous les fassiez combattre. »

(2) 25 janvier 1515.

avare de grandeurs, de dissipations et de belles fêtes; ils espéraient le retour d'une époque chevaleresque, que tout semblait favoriser. Le moyen-âge ne pouvait pas tout-à-coup s'effacer. Avant qu'une civilisation nouvelle triomphe, il se fait une recrudescence de la civilisation vieillie et brillante qui s'en va; le règne de François Ier eut ce caractère de transition; les épopées carlovingiennes, reparaissant dans tout leur éclat, devenaient la lecture populaire; c'était sans doute un feu passager, mais il devait allumer ces nobles cœurs. Le règne de François Ier fut le réveil de l'époque de Charlemagne; seulement, ce n'était plus la même génération; il passa donc comme le roman d'Amadis de Gaule, dont il était le reflet. On ne peut pas retenir les siècles qui s'écoulent : ce qui fut l'histoire devient le roman du pays (1).

(1) Belcarius *Comment. rerum Gallic.*, liv. année 1515.

VI

PREMIÈRE CAMPAGNE DE FRANÇOIS Ier EN ITALIE.
VICTOIRE DE MARIGNAN.

1515 — 1516.

Il fallait occuper l'imagination et le bras de toute cette chevalerie, exaltée par la contemplation des siècles de Charlemagne. Dans les premiers temps d'un règne, au reste, il se réveille toujours une énergie, une puissance d'activité, un besoin d'aventures, qu'il faut seconder, si l'on ne veut que le torrent ne prenne une autre direction (souvent la guerre civile). Les batailles étaient trop dans le caractère de François Ier, pour qu'il s'opposât à l'esprit général de ses paladins. Le champ de bataille était d'ailleurs tout trouvé : l'Italie ! Charles VIII et Louis XII y avaient laissé des droits d'héritage et des souvenirs de gloire; le nouveau Roi devait revendiquer les uns et les autres. Cette terre d'Italie réchauffait d'ardents désirs : la chevalerie avait vu les cités riches, splendides ; elle avait foulé ces campagnes émaillées de fleurs sous un ciel rayonnant de soleil : quand les chevaliers se souvenaient que Charles VIII, avec dix mille lances seulement, avait parcouru toute l'Italie, depuis les Alpes jusqu'au golfe de Naples, ils souhaitaient les mêmes conquêtes, les mêmes aventures. Le nouveau Roi n'hésita pas à revendiquer les droits de ses prédécesseurs sur le Milanais et Gênes. Milan était au pouvoir d'un duc de race d'aventuriers, Ludovic Sforza (1), chef de grandes compagnies, fort aimé de Louis XI, mais qui aspirait à son indépendance et ne voulait pas céder ses droits populaires au roi de France (2) sur toute la Lombardie. Mais les véritables maîtres du Milanais, c'étaient les Suisses, soldats énergiques, têtus, et qui formaient la meilleure infanterie au xvie siècle : ces rudes montagnards espéraient non-seulement dominer la Lombardie, mais encore envahir la Bourgogne (3), et qui sait même, dans leurs

---

(1) L'aïeul des Sforza, chef de leur maison, était Giacomuzo Sforza, dont le père était simple cultivateur et qui fut soldat, chef de condottieri. Le surnom de Sforza venait de *force*. Le premier duc de Milan qui reçut l'investiture des empereurs Germains fut son fils François-Alexandre Sforza (1415).

(2) Sur les guerres d'Italie, il faut consulter Guichardini ; quoique fort dessiné contre la France, il est exact et précieux.

(3) Les Suisses s'étaient d'abord alliés à la France sous

rêves, imposer tribut à la France; leurs guerres contre les anciens ducs de Bourgogne avaient grandi leur orgueil: ils voulaient se substituer à la domination allemande sur l'Italie, car c'était une fatalité de cette belle terre, d'être toujours sous une puissance étrangère, et de ne jamais être assez forte pour être libre; la république de Venise seule était assez considérable pour aspirer à la nationalité (1). Le nom du César germanique exerçait toujours un indicible prestige, car le pape et l'Empereur étaient les grandes puissances du moyen-âge que Venise avait espéré un moment remplacer.

Ce fut donc pour combattre les Suisses et conquérir le Milanais, que François Ier résolut la guerre d'Italie, et convoqua sa chevalerie; quand le passage des Alpes fut décidé, il se fit une joie immense au milieu des paladins et gens d'armes de France. L'esprit des croisades vivait encore, et les romans, les chroniques disaient, comment de simples chevaliers normands s'é-

Louis XI par le traité de 1454 conclu avec le dauphin depuis roi; ils secondèrent Charles VIII et Louis XII au commencement de son règne; ils se séparèrent ensuite de la France sur des questions de positions et d'argent (Comparez Simler *Respublica Helvetica* et Philippe de Comines fort détaillé sur les négociations avec les Suisses).

(1) Venise avait traité séparément avec Louis XII et voulait renouveler ce traité avec François Ier. Guichardini, livre XII.

taientfaits de grands États, à Naples, en Sicile, même en Grèce. Dans ce temps d'aventures extraordinaires, rien ne paraissait impossible ; on espérait tout conquérir à coups de lances et d'épées, on croyait à toutes les merveilles des romans de chevalerie et les croyances préparent la victoire !

Cependant les bons compères les Suisses, avec leur ténacité habituelle, avaient envahi la Savoie, pour s'emparer de toutes les issues des Alpes, et principalement *du Pas de Suze*, où les routes alors tracées venaient aboutir. De cette manière, ils ne pouvaient être attaqués de front. Les ducs de Savoie n'avaient jamais eu une opinion fixe et des affections arrêtées ; placés au pied des Alpes, tantôt alliés des empereurs d'Allemagne auxquels ils faisaient hommage et auxquels ils devaient leur fortune, tantôt prêtant la main aux rois de France pour les délaisser ensuite, ils ne visaient qu'à une seule chose, leur agrandissement, et ce résultat était pour eux d'autant plus difficile à réaliser, que les ducs de Savoie n'étaient pas considérés comme membres de la nationalité italienne (1). La duchesse de Savoie régente de

(1) L'origine de la maison de Savoie est des plus anciennes; elle remonte à Humbert 1er, duc de Savoie en 1020 ; il était

France, avait assuré l'alliance des ducs à François Ier qui néanmoins connaissait leur foi incertaine et leur politique mobile.

La direction de l'armée fut confiée au connétable de Bourbon, l'esprit de grande tactique du XVIe siècle, le seul qui put être comparé au duc d'Albe ; le connétable avait du sang italien dans les veines, car sa mère était Claire de Gonzague, une des filles du marquis de Mantoue (1). D'un seul coup d'œil, le connétable traça son plan de campagne : un corps d'arbalétriers, sous Aymar de Prie, leur grand-maître, dut s'embarquer à Marseille pour s'emparer de Gênes, et, de là, se portant sur le Pô, ce corps devait prendre les Suisses en flanc, *au Pas de Suze*. Une avant-garde des plus hardis chevaliers, sous Lautrec et la Palisse, devait marcher jusques aux Basses-Alpes, s'y frayer un passage nouveau à travers les rochers et les torrents, vers les sources de la Durance. Un berger piémontais avait indiqué

Saxon. Comparez le livre de Guichenon, *Histoire généalogique de la maison de Savoie* et l'ouvrage de M. Costa de de Beauregard. Turin 1806, 3 vol. in-8°. Les ducs de Savoie, étaient classés parmi les feudataires de l'Empire. Ce fut Amédée IV, duc en 1234, qui plaça le siège de son gouvernement à Turin.

(1) Le connétable était fils de Gilbert de Bourbon, comte de Montpensier ; né le 27 février 1489, il avait alors vingt-six ans.

une route possible (1). Ce corps de hardis chevaliers se fit précéder de trois mille pionniers qui jetaient des ponts, coupaient les rochers, comme autrefois avaient fait Annibal et Charlemagne. Ce travail fut si hardiment accompli, que bientôt le sommet des Alpes fut couronné d'artillerie portée à bras et à dos de mulet, sans que les Suisses en eussent la moindre connaissance, car, par une ruse de guerre, un corps de bataille de lances françaises, pour masquer la véritable attaque par les Basses-Alpes du midi, se dirigeait par les routes ordinaires du Mont-Cenis, et du Mont-Genèvre, sur le Pas de Suze, comme s'il voulait attaquer les Suisses de front.

Pendant ce temps, l'armée italienne confédérée, conduite par Prosper Colonna (2), de grande race romaine, un des habiles généraux du temps, marchait pour appuyer les Suisses et défendre le Milanais. Les confédérés italiens paraissaient si assurés de la victoire, qu'ils disaient tout haut qu'ils allaient prendre les Français dans les défilés des Alpes *come gli pipioni nella gabbia*

(1) Guichardini, livre xii; Paul Jove, livre xv.
(2) Prosper Colonna qui avait été d'abord au service de la France, était un élève de Gonzalve de Cordoue ; les Colonna étaient les grands ennemis des Orsini.

(comme des oiseaux en cage). Les Italiens virent qu'ils n'avaient pas affaire à des papillons, mais à des diables, comme dit Brantôme ; car, tout à coup surpris par les deux corps français partis de Gênes et de Briançon, ils furent dispersés, et Prosper Colonnia tomba lui-même au pouvoir du maréchal de Chabanne (1). Les fuyards seuls apprirent aux Suisses que les Français entrés en Italie tournaient leur position. Alors, avec leur grande habitude de guerre, les Suisses piroitèrent sur leur flanc pour se porter sur le Pô, menacé par les corps du maréchal de La Palisse et de Lautrec.

Ce mouvement des Suisses, le connétable de Bourbon l'avait pressenti, en réunissant une armée de réserve à Lyon, destinée à franchir le centre des Alpes. Ce corps principal aborda de front le mont Cenis, tandis que les ailes attaquaient les flancs. La forte chevalerie, sous la conduite du Roi en personne, prit la route du Piémont ; François Ier devait recevoir à Turin les hommages du duc de Savoie, toujours un peu incertain dans son alliance et qu'il fallait raffermir. Le Roi s'empara de Novare et vint

---

(1) L'armée des confédérés italiens contre les Français se composait de Lombards, de Romains, de Florentins, de Parmesans et de Bolonais. Paul Jovi, livre XV.

camper à Marignan, où il fut joint par les lansquenets des bandes noires, braves aventuriers des bords du Rhin (1), pleins de bravoure et d'indiscipline : toujours vêtus de noir, sévères dans leur visage, ce fut parmi les lansquenets, qu'Albert Durer prit son type du *chevalier de la mort*, que les oiseaux de la tombe couvrent de leurs ailes fantastiques. Il y avait dans ces corps d'aventuriers une bravoure, une intrépidité incomparables ; ils ne craignaient ni les couleuvrines des Italiens, ni les piques des Suisses.

L'armée se formait à peine à Marignan, que partout on signala les corps pressés des Suisses, qui s'avançaient en colonnes très-drues et silencieuses comme des moines. Ils voulaient surprendre les Français ; mais la poussière que leurs pieds soulevaient jusqu'aux cieux annonçait une attaque soudaine, et le connétable de Bourbon se prépara à les recevoir. Les Suisses s'avançaient par carrés hérissés de piques et de lances, précédés de leurs arquebusiers (2) ; leur but était de s'emparer de l'artillerie des

(1) C'étaient six mille aventuriers qui avaient servi le duc de Gueldre contre l'empereur d'Allemagne : leur drapeau était noir. (Belcarius livre xv, Guichardini livre xii.)

(2) C'est ainsi qu'on les voit dans les bas-reliefs du tombeau de François Ier à Saint-Denis.

Français pour la tourner ensuite contre la chevalerie et l'abîmer sous son feu.

Le connétable de Bourbon confia l'artillerie à la garde des lansquenets, qui la défendirent avec acharnement, tandis que, par une manœuvre habile, les gens d'armes du Roi, leurs capitaines en tête, enveloppaient les Suisses par leurs deux ailes (1) comme dans des tenailles d'acier.

L'attaque, comme la résistance, fut héroïque ; la bataille de Marignan dura deux jours et deux nuits : les Suisses tombaient par groupes au milieu des carrés qu'ils avaient formés, sans abandonner leur rang : quinze mille de ces montagnards mordirent la poussière ; six mille Français furent tués dans la mêlée. Il s'y fit d'héroïques exploits que les chroniques ont racontés, en y mêlant les noms de François Ier, de Bayard, de La Trémouille, du sire de Genouillac (2), qui dirigea l'artillerie. Le véritable vainqueur de Marignan, ce fut le connétable de Bourbon, qui ne s'épargnait pas plus qu'un sanglier échauffé (3). L'infanterie suisse y perdit la renommée d'invincible qu'elle avait gardée

(1) Paul Jovi, *Histor. sui tempor.*
(2) Le duc de Savoie s'y comporta avec une grande vaillance ainsi que le duc de Lorraine et de Gueldre.
(3) Paul Jove est le seul qui ne rende pas au connétable la justice qu'il mérite. *Historia sui tempor.* livre xv.

jusqu'alors ; les montagnards en pleurèrent de douleur, en jurant de se venger. Dans le récit que fait François Ier de la bataille de Marignan (dans une lettre écrite à sa mère, régente), il parle de ce combat de géants qui laissa une longue traînée de gloire, au milieu des grands deuils de la chevalerie : « Ma mère, vous vous moquerez un peu de MM. de Lautrec et de Lescun, qui ne se sont point trouvés à la bataille et se sont amusés à l'appointement des Suisses qui se sont moqués d'eux (1). »

La victoire de Marignan donna le Milanais à la France; le Roi et ses chevaliers firent leur entrée solennelle dans la cité capitale, accablés sous les fleurs. Milan, si fière de son antiquité, devint un peu la Capoue des gentilshommes français ; les belles patriciennes de Gênes avaient déjà retenu dans leurs liens François Ier. Les gentilshommes, enlacés de roses, emportèrent de l'Italie de funestes présents, et, si l'on en croit Brantome, surtout ce mal de Naples, qui donna tant de soucis et de labeurs au jeune chirurgien Ambroise Paré, la lumière de la science.

(1) J'ai donné cette lettre en entier dans mon *François Ier et la Renaissance.*

VII

LÉONARD DE VINCI. — LA BELLE FERRONNIÈRE.

1515 — 1518.

Parmi les splendides conquêtes de François Ier en Italie, on doit compter la passion des arts qu'il y puisa comme à une source abondante, et le souvenir des merveilles de la Renaissance qu'il réunit autour de lui : à Rome, à Florence, à Milan, tout se réveillait alors au bruit des écoles de sculpture, de peinture, et François Ier s'enthousiasma pour les artistes surtout, qui souvent en Italie réunissaient les plus nobles instincts au génie.

Dans le rayonnement de la renaissance, apparaît une grande figure, celle de maître Léonard de Vinci, vieillard déjà; il était né dans une de ces villa qui entourent Florence (1), et Dieu l'avait doué d'une belle figure, d'une taille élevée et d'une force de corps si prodigieuse, qu'il ployait de ses doigts le fer d'un cheval aussi fa-

(1) Au château de Vinci, en 1452.

cilement qu'une lanière de cuir. A ces dons naturels, il joignait les soins de l'éducation la plus haute, la plus variée : la physique, les mathématiques, l'éloquence (1). Il fut placé dans l'atelier du peintre André Verocchio, qu'il étonna et surpassa bientôt par ses progrès. A l'art du peintre, Léonard de Vinci joignait une pratique étonnante dans la fonte des métaux, la sculpture colossale (2) et même l'art de l'ingénieur qui construit les ponts, trace et creuse les canaux. Ludovic Sforza avait appelé à Milan pour décorer ses fêtes, ses spectacles, maître Léonard de Vinci, qui se révéla tout d'un coup comme un habile mécanicien : des planètes roulaient dans un ciel d'or, des lyres d'argent rendaient un son harmonieux par le seul effet de son art créateur, et le bruit s'en était répandu dans toute l'Italie.

A l'entrée de Louis XII à Milan, Léonard de Vinci avait construit un lion automate qui marchait seul, et, s'arrêtant devant le Roi, se dressa sur ses pattes pour lui offrir l'écusson fleurdelisé de France ; et, quand le pape Léon X voya-

---

(1) Il était fils naturel de Giacoppo de Vinci (de noble maison).

(2) La statue équestre de Ludovico Sforza *et tanto grande la commencio, che condur non si pote mai.*

3.

geait, maître Léonard avait façonné en bois, des petits oiseaux qui volaient et chantaient merveilleusement pour amuser et distraire le pontife. Mais l'œuvre admirable de Léonard de Vinci fut le tableau de la Cène qu'il entreprit pour le réfectoire des Dominicains, à la prière du grand duc Ludovic Sforza, suite de portraits de ses amis et de ses ennemis ; la tête de Judas fut même une vengeance (1). La tradition veut que maître Léonard ait laissé la tête du Christ inachevée, parce qu'il s'était épuisé dans le dessin de celles des apôtres, et qu'il n'avait pu atteindre un assez haut degré de perfection pour peindre le divin maître (2).

Cet artiste extraordinaire, François Ier se le fit présenter après la victoire de Marignan ; il le prit en grande amitié, car maître Léonard était un charmant esprit, d'une éducation particulière, gracieux poëte dans la langue italienne. Quand Milan et Florence étaient si agités, la

---

(1) Voyez le remarquable opuscule de l'abbé Aimé Guillon, sous ce titre : *Le cénacle de Léonard de Vinci, essai historique et physologique*. Milan 1811, in-8°.

(2) Léonard de Vinci était aussi poëte, et rien de joli comme ce sonnet mélancolique à la manière du Tasse :

> Chi non può quel che vuol, quel che può voglia
> Che quel che non si può folle e volere.
> Adunque saggio è l'huomo da tenere
> Che da quel che non può suo volere toglia.

peinture devait s'exiler, et le roi de France avait alors de grands projets pour la construction de ses châteaux, l'embellissement de ses jardins, l'achèvement des canaux autour de la Loire. Il faut donc placer à la fin de cette année 1515 le départ de maître Léonard de Vinci pour Fontainebleau (1), où le Roi lui fit un grand accueil; il lui donna un appartement splendide au château d'Amboise. Léonard de Vinci s'occupa, comme ingénieur, à tracer le canal de Romorentin (2), à jeter ses idées sur les embellissements des demeures royales. C'est durant un de ses voyages à Paris, que Léonard composa le portrait un peu mystérieux, de la Joconde (Lisa del Giocondo), chef-d'œuvre tracé par l'ordre de François Ier. On dit que, pour distraire l'ennui que les longues séances pouvaient donner au modèle, Léonard de Vinci l'avait entourée de chanteurs, de joueurs d'instruments, d'improvisateurs et de poëtes, et c'est ainsi qu'il parvint à la perfection ravissante du portrait, à ce regard d'une joyeuse enfant qui se reflète dans le regard de la *Lisa del Giocondo*.

(1) Telle est l'opinion de Mariette, de Vasari et de Monzi, éditeur du *Traité della pittura*, par Léonard de Vinci.

(2) Venturi a publié en 1797 un excellent mémoire sur *Léonard de Vinci*.

Nul n'a pu dire quelle a été la femme aimée de François Ier, qui a servi de modèle au portrait de la Joconde (1), et à ce sujet quelques conjectures me seront permises. Si l'on compare ce portrait à celui qui nous est resté de la belle Ferronnière, du même Léonard, on y trouve une certaine ressemblance dans les traits, malgré la différence des manières et des ornements de la chevelure. Il ne serait donc pas étonnant que le même type eût servi à deux portraits, et que *Lisa del Giocondo* ne fut que l'idéalisme de la belle Ferronnière. Je ne nie pas que, pour admettre cette hypothèse, il faudrait bouleverser toutes les histoires racontées sur les amours du roi François Ier et de la belle Ferronnière. Ces histoires d'abord portent avec elles un grand anachronisme : Léonard de Vinci était mort le 2 mai 1519 (2), et elles reportent l'amour du Roi pour la belle Ferronnière à la fin de la vie de François Ier, c'est-à-dire à plus de vingt ans

---

(1) Le portrait est au Louvre.
(2) On sait que Léonard de Vinci mourut dans les bras de François Ier, ainsi que le dit son épitaphe :

Leonardus Vincii, quid plura ?
Divinum ingenium
Divina manus
E mori in sinu regio meruére
Virtus et fortuna hoc monumentum contingere
Gravissimis impensis curaverunt.

plus tard ! Ils la font femme d'un bourgeois drapier, une sorte de baladine qui dansait et chantait dans les rues de Paris, puis avait épousé un marchand de la rue de la Ferronnerie. Or, la date des amours du Roi pour la belle Ferronnière est fixée par le portrait même, une des belles œuvres de Léonard de Vinci, mort en 1519 : la *Lisa del Jocondo* était donc la femme aimée du roi à cette époque de jeunesse et de victoire. Maintenant le doute est de savoir si c'était la belle Ferronnière.

Elle était un chef-d'œuvre de grâce, de douceur et de joie expansive ; cette figure de jeune fille désespère l'art par la perfection de ses traits : nul ornement, un front pur, un nez divin, des yeux admirables d'expression, et la bouche animée par un léger sourire. Je crois donc que la belle Ferronnière, comme semble d'ailleurs l'indiquer son nom *Ferronari, Ferrieri,* était une de ces belles milanaises ou génoises éprises du roi de France ou de ses chevaliers, après la victoire de Marignan, et qui le suivirent à Paris, doux trophée d'un retour glorieux. Quand il s'agit de peindre Lisa, le Roi s'adressa directement à Léonard de Vinci, et, comme la Joconde, fille rieuse, aurait pu s'ennuyer, comme un moment de fatigue sur ce beau front aurait pu le ternir, Léonard de Vinci, plaçant la Joconde sur une espèce de trône, l'avait entourée, comme nous l'avons déjà dit, de musiciens et de baladins pour la distraire (1). François Ier assistait lui-même à ces longues séances, et quand le portrait fut achevé, il le paya 4,000 écus d'or (ce qui fait aujourd'hui 200,000 francs).

Le beau côté de François Ier fut de n'avoir jamais marchandé avec le talent, qui a sa couronne au front. Avec Léonard de Vinci, il agissait plutôt en ami qu'en roi ; on voyait partout ce beau vieillard à la barbe blanche, dans les royales pompes d'Amboise, de Fontainebleau et de Saint-Germain, les trois résidences du Roi ; nulle tête plus belle, nulle humeur plus enjouée, nulle philosophie plus douce (2), avec cette universalité de talent qui le rendait partout précieux et nécessaire ; mécanicien pour le théâtre et les fêtes, ingénieur pour le tracé des canaux, architecte pour les bâtiments, peintre admirable de la nature et de l'art. Léonard de

---

(1) Cette scène a été plusieurs fois reproduite par la peinture.

(2) Ces vers d'un de ses sonnets expriment encore sa philosophie toujours de bon conseil.

A dunque tu, lettor di queste note
S'a te vuoi esser buenoe, e agl' altri caro,
Vogli semper poter quel che tu debbe.

Vinci était néanmoins susceptible, inquiet, fier de lui-même, comme tout génie supérieur qui craint de ne pas être suffisamment apprécié, mais toujours d'une grave et douce philosophie. L'universalité était le caractère de son génie, et la même main qui peignait la Cène, traçait les remparts et les glacis des places-fortes. Tantôt on le trouvait dans un atelier disséquant le corps humain, comme l'anatomiste le plus exact, tantôt écrivant le *Traité de la Peinture*, objet de tant d'éloges de Poussin, et dont Annibal Carrachio disait : « Quel dommage que je ne l'aie pas connu plutôt; il m'aurait évité vingt ans d'études. » François Ier fit de Léonard de Vinci presqu'un peintre français, car il mourut à Amboise dans le sentiment d'une extrême piété, et fut enterré dans l'Eglise de Saint-Florentin ; le Roi assista debout à ses funérailles, disant à tous : « qu'il pouvait faire un noble, que Dieu seul faisait les grands artistes !

VIII

MADAME DE CHATEAUBRIAND. — GOUVERNEMENT DU MARÉCHAL
DE LAUTREC DANS LE MILANAIS.

1518—1520.

Un des plus beaux noms, dans les fastes de la chevalerie, était celui de la noble famille de Foix, liée par son origine aux maisons de France et de Navarre. Ce nom remontait à la croisade de Philippe-Auguste, pendant laquelle Roger Raymond, comte de Foix, se signala au siége d'Ascalon (1). Mais le plus poétique de tous fut Gaston de Foix, vicomte de Béarn, qui reçut le nom de Phébus, à cause de la beauté de ses traits et de sa blonde chevelure qui descendait en boucles ondoyantes sur ses épaules ; ce fut ce grand chasseur aux huit cents chiens en meute, qui écrivit le livre si précieux : *Du déduist de la chasse, des bêtes sauvages et oiseaux de proie* (2). De cette

(1) Dans la croisade de 1190 (Voir mon *Philippe-Auguste*). Il avait épousé Marie, fille du roi d'Aragon.

(2) Il a été aussi publié sous ce titre : *Le Myroir de Phœbus avec l'art de faulconnerie et la cure des bestes et oyseaux à cela propice.* Imprimé par Philippe Lenoir 1515-1520.

illustre tige, était issu Gaston de Foix, fils de Jean de Foix, vicomte de Narbonne et de Marie d'Orléans, sœur du roi Louis XII, créé duc de Nemours, et tué vaillamment à la bataille de Ravennes. Sa mort causa une douleur si profonde au roi de France, qu'il s'écria : « Je voudrais ne plus posséder un seul pouce de terrain en Italie, et pouvoir à ce prix faire revivre mon neveu Gaston de Foix et tous les autres braves qui ont péri avec lui. Dieu nous garde de remporter souvent de telles victoires. » Ces regrets étaient ceux de l'armée entière ; elle gardait un bon souvenir de ce courageux jeune homme, qui s'était élancé sur les Espagnols en poussant ce noble cri : « Qui m'aimera si me suive ! » et tous l'avaient suivi, parce que tous l'aimaient, et la gloire avec lui.

Gaston de Foix avait pour sœur, Françoise de Foix, mariée très-jeune avec Jean de Laval-Montmorency, seigneur de Châteaubriand, en Bretagne. Elle y vivait fort retirée, lorsque François I*er* fit publier par tout son royaume ce bel adage : « qu'une cour sans dames était comme un printemps sans roses, » devise charmante d'Alain Chartier. Le Roi appela donc toutes les belles châtelaines à Fontainebleau, où il ne fut plus question que de galanteries, passes d'armes et tournois. Madame de Châteaubriand, belle entre toutes, y fut mandée par un message de la reine, et la chronique dit que le seigneur de Châteaubriand, fort jaloux, inquiet de cette renommée galante de la cour de François Ier, fit promettre à sa femme qu'elle ne viendrait point à la cour, à moins de recevoir un anneau d'or, celui que le sire de Châteaubriand portait à son doigt, marqué au scel de ses armes. François Ier en fut informé ; par surprise il fit enlever ou imiter la bague du sire inquiet et jaloux, et, par cette supercherie, il attira madame de Châteaubriand dans le piége (1).

On ne peut dire si cette légende n'est pas empruntée aux *Cent nouvelles nouvelles* du roi Louis XI, si elle n'était pas un de ces contes imités de Boccace alors fort goûtés ; mais un fait incontesté, c'est que, dès cette année, on voit madame de Châteaubriand régner en souveraine, et disposer des commandements les plus élevés en faveur de sa famille, illustre au reste, et si brave ! Gaston de Foix, son frère, était mort glorieusement à la bataille de Ra-

---

(1) Les détails un peu romanesques de la vie de madame de Châteaubriand sont tirés d'un pamphlet hollandais sous ce titre : *Histoire amoureuse de François Ier.* Amsterdam, 1695.

vennes ; le second, Odet de Foix, sire, puis maréchal de Lautrec, avait bravement servi en Italie et était resté à Milan après le départ du roi et du connétable, chargé du commandement de l'armée.

La bataille de Marignan avait détruit à la fois la puissance des Sforza et des Suisses, et placé dans la main de la France la souveraineté du Milanais. Il restait une question très-sérieuse : aux mains de qui ce beau duché serait-il confié? Le laisserait-t-on à une de ces grandes familles lombardes et nationales, qui resterait ainsi italienne, ou le placerait-on sous le gouvernement d'un Français? Il eut été plus habile de constituer une apparence de nationalité italienne : sous la tente du Roi, servait le vieux et prudent maréchal de Trivulce (1), de la grande famille d'Antonio Trivulzio, qui s'était vouée au service de France depuis le roi Louis XI. Trivulce était lié par le sang aux Visconti, si aimés des Milanais ; il aurait pu présider en quelque sorte, à un gouvernement national composé de Lombards, sous la suzeraineté du roi de

(1) Jacobo Trivulzio était né en 1447 : il a été sévèrement jugé par les historiens français ; il mourut en 1518. Son épitaphe est curieuse :

Hic quiescit qui nunquam quievit.

France. Cette politique habile aurait maintenu la rivalité entre les Visconti et les Sforza, et préparé la domination de la France. Mais la chevalerie française ne pouvait comprendre, ni supporter que l'on confiât aux Italiens un pays conquis par ses armes : Trivulce, après le siége de Brescia, fut rappelé en France avec une certaine méfiance de sa destinée, et, sous l'influence de la comtesse de Châteaubriand, le maréchal de Lautrec obtint le gouvernement du Milanais.

Si la victoire de Marignan avait donné une force aux Français en Italie, si les Vénitiens avaient déput quatre de leurs plus fiers sénateurs pour saluer le Roi, si le pape Léon X (1) lui-même, le dictateur de l'Italie, avait signé le concordat, il n'était pas moins vrai que les Italiens n'aimaient pas les Français; ce caractère léger auprès des dames et railleur pour les hommes, leur était antipathique. A Milan, on eût appelé et secondé le pouvoir du maréchal Trivulce, parce qu'il appartenait à la race italienne, mais le maréchal de Lautrec de la maison de Foix était trop français; il faisait trop sentir la domination étrangère. Le maré-

---

(1) Pour les détails, lisez mon livre sur *François Ier et la Renaissance.*

chal, méfiant pour les Italiens, avait confié le gouvernement des places de la Lombardie : Crémone, Bergame, à des Français, et les Milanais murmuraient hautement de cet oubli de leur nationalité. Sforza était de leur race ; s'il faisait hommage aux empereurs allemands, lui au moins restait Milanais, et comme un vieux chef des grandes compagnies, il était prêt à les seconder dans leur indépendance. Un an s'était à peine écoulé depuis la bataille de Marignan, qu'on vit descendre des montagnes du Tyrol seize mille Suisses, vingt mille lansquenets, qui accouraient reprendre leur position de bataille et de guerre, et répondre à l'appel des Italiens (1).

Le maréchal de Lautrec, en ce moment, assiégeait Brescia, de concert avec les Vénitiens, fidèles alliés de la France ; les Suisses et les lansquenets débordant ses deux ailes, le maréchal fut obligé de se retirer en toute hâte vers Milan, où le connétable de Bourbon vint le soutenir avec toutes ses forces. Cette invasion subite fut repoussée, mais l'Italie, toujours inconstante, murmurait ; comme un malade qui

---

(1) Guichardini, livre XII. — Belcarius livre XV et Paul Jovi *hist. sui temporis*, livre XVIII. Paul Jovi a écrit une vie de Léon X.

change de côté et souffre toujours, elle appelait tantôt l'appui des Allemands, tantôt l'appui des Français, elle ne pouvait rester elle-même. Elle possédait pourtant deux grands centres d'unité : Rome et Venise. Léon X ne s'était lié qu'un moment à la France, et pour la question religieuse ; il aspirait à la liberté et à l'unité italienne ; Florentin d'origine, il savait bien que les grands jours de Florence étaient passés ; il ne voyait donc plus que Rome qui fût capable de lutter contre l'empire allemand. Les papes avaient leur armée toute romaine, ils prenaient pour auxiliaires les cantons catholiques de la Suisse (1). Mais le double fait de la réformation de Luther et de l'invasion des Turcs, rendait très-difficile la souveraineté de l'Italie, à laquelle les papes aspiraient.

Venise, le second centre d'unité, était à son plus haut degré de gloire et de splendeur. Si l'invasion des Turcs avait un peu contenu sa puissance en Italie, si la ligue de Cambrai avait comprimé ses prétentions à la monarchie universelle, elle s'était étendue sur la terre ferme : maîtresse de la Croatie et de la

(1) Le cardinal de Sion, un des esprits remarquables du temps, était l'intermédiaire entre le Pape et les Suisses, auxquels Rome avait envoyé des étendards bénis.

Dalmatie, elle avait porté ses frontières de l'autre côté jusque dans la Lombardie. Venise pouvait mettre sur pied de guerre trente ou quarante mille Esclavons, bonne troupe, et elle avait un capitaine de premier ordre, l'Alviane, qui pouvait être comparé au connétable de Bourbon. Ce fut une remarque à faire, l'Italie fournit alors trois capitaines de premier ordre : Prosper Colonnia, Sforza, l'Alviane (1), et cependant elle ne put ni vaincre ni se rendre indépendante. C'est que de tristes divisions la partageaient toujours : Venise ne pouvait supporter la puissance du Pape ; les Lombards détestaient les Vénitiens, et n'auraient jamais subi la domination du Lion de Saint Marc.

De ces divisions, résultaient une extrême faiblesse, un incessant besoin de recourir à l'étranger ; comme les Lombards et les Romains, les Florentins ne voulaient pas reconnaître la

---

(1) Bartholomeo Alviani, vénitien, avait servi d'abord sous les ordres de Borgia ; cette illustre et grande famille des Borgia, tant calomniée, voulait rendre l'Italie la reine du monde. Tous les mélodrames et les belles histoires qu'on a faits sur les Borgia ne sont que des légendes atroces inventées par leurs ennemis. Les Borgia étaient des patriotes italiens avec des âmes mâles et romaines qui voulaient délivrer leur patrie du joug des nations étrangères ; en désespoir de cause, ils se jetèrent dans les mains de la France ; ils sont l'origine des ducs de Valentinois.

souveraineté des Vénitiens ; ceux-ci abandonnèrent leur cause. L'alliance intime de Venise se fit donc avec la France, et l'Alviane, le patricien, à la tête des troupes de la sérénissime République, avait secondé les opérations des Français dans la Lombardie ; à leur tour, les Français appuyaient les Vénitiens contre les troupes allemandes, qui descendaient incessamment du Tyrol, et Lautrec accourut au siége de Brescia pour s'unir aux Vénitiens. Mais Lautrec, impétueux dans ses opérations, n'eut pas un grand succès : la situation des Français en Italie était encore une fois compromise. Madame de Châteaubriand protégeait sa famille, et le maréchal ne fut pas rappelé. Les préoccupations du roi François Ier se portaient vers d'autres intérêts ; quand une fois l'ambition éclate, elle n'a plus ni bornes ni but limité. Elle va toujours en avant jusqu'aux grandes leçons que Dieu lui réserve.

IX

LE CAMP DU DRAP-D'OR.

1519.

Les annales de la chevalerie ont gardé une longue mémoire de ce qui a été appelé le camp du Drap-d'Or : l'entrevue de François Ier et de Henri VIII d'Angleterre, le 18 juin 1519, dans un champ devenu célèbre entre Arras et Guines. Les miniatures des manuscrits, les premières gravures de la Renaissance (1) ont reproduit les somptueuses scènes du camp du Drap-d'Or : les joutes, les tournois, les combats à outrance, les *gorgiales festes*, les mille jeux de lance, d'épée et de bague en présence des dames et damoiselles. Cette entrevue, qui aboutit à peu de résultats, avait néanmoins un but considérable : l'alliance de la France et de l'Angleterre contre la politique envahissante de Charles-Quint, qui tentait de se faire élire et proclamer empereur d'Allemagne.

(1) Bibliothèque Impériale (collection des estampes).

Les progrès toujours croissants des Turcs en Europe avaient donné une vie nouvelle à la grande idée des papes : « la fusion de toutes les puissances chrétiennes dans une croisade pour éviter les conquêtes des Ottomans. »

Cette magnifique tentative de résistance, les papes l'avaient poursuivie depuis le moyen-âge, deux obstacles s'y étaient opposés : le schisme grec qui avait absorbé, divisé la chrétienté, et, en ce moment, la réformation de Luther qui jetait de nouveaux troubles dans l'Europe (1). Il avait été beau de voir l'empereur Maximilien adopter les idées pontificales et suspendre toute rivalité pour s'occuper d'une croisade contre le turc ! L'Empereur mourut au milieu de ces préparatifs de guerre et la couronne d'or fut un nouveau sujet de rivalité.

Trois compétiteurs se présentèrent pour revendiquer la couronne impériale : François Ier, roi de France, Henri VIII, roi d'Angleterre et Charles, roi d'Espagne (2); l'idée de l'empire était si élevée encore aux yeux du monde ! les souvenirs d'Auguste et de César avaient traversé

---

(1) Voyez mon travail sur *Catherine de Médicis*.

(2) Il existe une savante dissertation du professeur Bohm, sous ce titre : de *Henrico Octavo angliæ rege, imperium romanum post obitum Maximiliani primi affectante. Leipsick* 1765,

le moyen-âge avec leurs splendeurs et leurs prestiges ! Quand l'empire fut vacant, les trois compétiteurs négocièrent avec les électeurs d'Allemagne : l'habileté de Charles d'Espagne triompha, François Ier et Henri VIII en conçurent un profond dépit ; le roi de France surtout qui s'était appuyé sur la partie militaire et un peu sauvage des Teutons, des bandes noires et des lansquenets : Sickingen, ce type des Burgraves des sept montagnes, si redoutable aux bords du Rhin, le comte de la Marck, le descendant du *sanglier des Ardennes*, célèbre sous Louis XI.

L'idée qui avait triomphé avec l'empire de Charles-Quint, vaste, universelle, c'était une pensée de résistance à la conquête des Turcs ; l'Allemagne, la chrétienté entière, avaient besoin de la monarchie universelle pour se liguer contre les hordes asiatiques ; la papauté si élevée de pensée n'était plus assez forte matériellement ; Charles-Quint prenait son rôle militaire. Toutes les questions capitales se décidant en Asie, l'Empereur voulait par une croisade, porter la guerre en Orient, comme les Césars de Rome, comme Philippe-Auguste, saint Louis, Frédéric Barberousse, Conrad : l'Orient troublait l'Occident par sa force et sa faiblesse. Tous les grands esprits ont toujours jeté leur regard sur Constantinople, l'Egypte, la Syrie ; l'avenir appartenait à ces riches contrées, et Charles-Quint, déjà maître du Nouveau-Monde, aspirait à la puissance des empereurs romains.

C'était contre cette vaste idée, que François Ier et Henri VIII cherchaient à se liguer : il fallait qu'à leurs yeux elle fût bien redoutable, puisqu'elle avait fait taire les anciennes rivalités. Un siècle s'était à peine écoulé depuis que le roi anglais Henri VI régnait à Paris, et les angelots, monnaie courante en France, portaient encore l'écusson d'Angleterre : tous ces différents devaient s'oublier, et les deux rois étaient convenus de se visiter sur une partie neutre de leur territoire (1), pour conférer sur leurs intérêts respectifs (2). C'étaient bien les caractères les plus opposés et les natures les plus différentes ! François Ier, grand et beau garçon, excellant à tous les arts des tournois, faiseur de vers et de galanteries, rieur et tout plein d'esprit ; Henri VIII, ramassé sur lui-même, gros et savant universitaire, parlant latin comme un docteur, rustre, dur et passionné auprès des femmes. Les deux noblesses, également braves, mais jalouses l'une de l'autre : ici

---

(1) Cette entrevue ne fut pas un fait spontané ; elle avait été résolue entre François Ier et Henri VIII.
(2) Reymer Federa XIII pages 719 à 724.

Buckingham, Talbot, Russel (1); là Bayard, La Trémouille, Montmorency. Ces deux noblesses, au lieu d'une lice courtoise et à fer émoulu, auraient préféré se rencontrer sur un champ de bataille et se heurter l'une contre l'autre, hommes et chevaux. Il y a des antipathies qu'il est impossible de vaincre ; la politique ne peut éteindre les inimitiés de race ; la lutte est vieille entre la raillerie et le sentiment excessif et froid de la supériorité.

Cependant le lieu de l'entrevue fut fixé dans une belle plaine entre Guine et Ardre en Flandre. (2) Les deux rois devaient y amener leurs cours, les reines et leurs belles maîtresses, leurs pages, leurs meutes de chasse, leurs équipages de paix. Mille ouvriers habiles, comme l'étaient les corporations flamandes, travaillèrent nuit et jour à élever un palais en charpentes circulaire de 437 pieds anglais, pour servir d'habitation au roi d'Angleterre, il était couvert de tapisseries de Gand et de Bruges. A son exemple, François Ier fit élever également un pavillon

---

(1) Le cardinal de Wolsey était alors le conseiller intime de Henri VIII.

(2) Consultez sur le camp du Drap-d'Or, Belcarius livre xvi n° 14. Sleidan comment. livre xix et Paul Jove *Historia sui tempor.*, lib. xix.

d'une même étendue, tout couvert d'étoffe ou de tissu d'une richesse féerique rapporté d'Italie. Ces étoffes d'or étaient travaillées à Constantinople par les habiles ouvriers grecs, telles qu'on les voyait à Venise, à Rome, à Florence dans les palais et les églises. Le camp du Drap-d'Or a eu son historien, témoin occulaire, le brave Fleurange (1). Les gentilshommes de France y déployèrent un luxe immense, et, comme le dit Martin du Belay, plusieurs y portèrent leurs moulins, leurs prés, leurs terres sur leurs épaules. Il fut à honneur parmi les gentilshommes de France d'éclipser les Anglais par le luxe des armes, la beauté des chevaux, les vêtements de velours et d'or. François Ier aimait le faste et les arts, autant que Henri VIII excellait dans les dissertations et les thèses d'université. Les dames étaient de part et d'autre si bien accoutrées, que, selon l'expression encore de Fleurange : « On eut dit des fleurs épanouies sous le premier soleil du matin. » Les parures de France semblèrent si gracieuses, si élégantes aux dames anglaises (2), qu'elles s'en firent faire de semblables

---

(1) Fleurange fort connu sous le nom du *Jeune aventureux*, a écrit *l'histoire des choses advenues en son temps* depuis 1499 jusqu'en 1524.

(2) Mémoires de Fleurange, 1520.

au grand dépit des chevaliers et barons d'Angleterre, qui trouvaient ces modes trop peu voilées et sans décence : « elles n'avaient ni guimpe ni linon jusque presque au-dessous des bras. »

Au camp du Drap-d'Or, le caractère si différent de François Ier et de Henri VIII se révéla tout entier : le roi de France, jovial, spirituel, bon garçon ; le roi d'Angleterre, méfiant, triste et compassé (1). Un matin, François Ier alla surprendre Henri jusque dans son lit en lui disant : « Mon frère vous êtes mon prisonnier (2). » Une autre fois, il courut sur lui la lance en arrêt comme pour le désarçonner, et s'arrêta tout d'un coup en le saluant de la pointe.

Il y eut même une lutte entre les deux rois, ou, comme disaient les Anglais dans leur langue gutturale saxonne, une boxe (3) corps à corps à coups de poing, et à chaque épreuve François Ier, un des plus forts et des plus adroits lutteurs, sortait victorieux aux applaudissements

---

(1) Du Bellay, livre Ier.

(2) François Ier ensuite voulut servir d'écuyer au roi d'Angleterre pour l'habiller et le vestir. Ce que Fleurange trouve très-indigne du Roi. François Ier répondit : « Je n'ai pris conseil de personne, parce que personne ne m'aurait donné le conseil de la résolution que j'ai prise.

(3) Ce mot boxe est dans la chronique, *the box one* signifie donner un coup de poing.

de la chevalerie : ne se rappelait-on pas qu'il avait reçu en jouant, tout enfant à Romorantin, un coup de fronde ou de gaule, dont les cicatrices profondes lui restèrent toute la vie ? Dans la joute et les tournois, le prix fut dignement disputé entre les gentilshommes Français et les Anglais ; tous déployèrent adresse et courage en présence des dames juges du combat, placées sur des échafauds, couverts de soie jaune, blanche, verte et bleue, comme dans les hypodromes bysantins. Ce goût des tournois allait jusqu'à la frénésie dans les mœurs des nobles dames et damoiselles. Elles s'y animaient, s'y agitaient jusqu'à oublier les lois de la décence, à jeter leurs atours et leurs vêtements aux chevaliers qui luttaient et triomphaient. « A la fin, (dit le roman de Perceforet, dans la traduction en prose faite sous François Ier,) les dames étaient si dénuées de leurs atours, qu'elles restaient en pur chef (tête nue) et qu'elles s'en allaient les cheveux sur leurs épaules plus jaunes que fin or, leur cotte sans manche, car toutes avaient donné aux chevaliers pour les parer, guimpes, chaperons, manteaux et camises ; mais quant elles se virent en tel point, elles en furent ainsi comme

---

(1) Roman de Perceforet, vol. Ier f° 155.

toute honteuses ; mais sitôt qu'elles virent que toutes étaient de même, elles se prirent à rire de leur aventure, car elles avaient donné leurs habits et leurs joyaux toutes de si grand cœur aux chevaliers, qu'elles ne s'apercevaient pas de leur dénûment et devestement. »

C'était l'honneur de la chevalerie que la présence des dames aux tournois ; elles en faisaient l'orgueil, comme leur doux regard en était la récompense, ainsi que le disent les ballades d'Eustache Deschamps au XVe siècle :

> Armes, amour, déduit, joye et plaisance
> Espoir, désir, souvenir, hardement,
> Jeunesse aussi, manière et contenance
> Humble regard, trait amoureusement.
> Gens corps, jolis, parés très-richement
> Advisez bien ceste saison nouvelle,
> Ce jour de mai, cette grande feste et belle
> Qui par le Roi se fait à St-Denis
> A bien jouter gardez vostre querelle,
> Et vous serez honorés et chéris (1).
>
> Car là sera la grand beauté de France,
> Vingt chevaliers, vingt dames ensement (2),
> Qui les mettront armés par ordonnance
> Sur la place, toute d'un parement
> Le premier jour et puis secondement,
> Vingt écuyers, chacun sa damoiselle,

(1) Poésie d'Eustache Deschamps : Eustache Deschamps, charmant poëte vivait au XVe siècle.
(2) Ce vieux mot signifiait *aussi*.

Doux paremens, joye se renouvelle,
Et là feront les héraults plusieurs cris
Aux bien joustant tenez fort votre selle,
Et vous serez honorés et chéris.

.... amour qui ne chancelle
L'enflammera d'amoureuse étincelle
Honneur donra (1) aux mieux faisans le prix,
Advisez tous cette doulce nouvelle,
Et vous serez honorés et chéris.
Servans d'amour, regardez doulcement,
Aux eschaffaux anges du Paradis,
Lors jouterez fort et joyeusement,
Et vous serez honorés et chéris.

Ces fêtes et tournois maintenaient l'honneur chevaleresque et la galanterie, ils formèrent le caractère national; et ce fut en gardant ces nobles mœurs, que la France fit de si grandes choses.

(1) Donnera.

X

DÉFECTION DU CONNÉTABLE DE BOURBON. — COMPLICITÉ DU COMTE DE SAINT-VALLIER. — DIANE DE POITIERS.

1520—1522.

L'entrevue du camp *du Drap-d'Or*, si magnifique comme fête de chevalerie, n'eut pour résultat qu'une manifestation d'antipathie politique entre les Français et les Anglais. Il y a dans l'esprit des nations, je le répète, certains caractères qu'il est impossible de détruire; et les symptômes s'étaient produits avec une telle énergie, que François Ier rapporta du camp du Drap-d'Or la conviction profonde, que la neutralité de l'Angleterre serait à peine gardée dans la lutte violente, qui allait s'engager avec Charles-Quint (1). Il y avait à la fois quelque chose de fier et d'imprudent dans le caractère de François Ier, il ne doutait jamais de lui-même et de

(1) Le Roi savait aussi que Charles-Quint et Henri VIII avaient eu des entrevues secrètes et qu'il était même question d'une alliance intime : *Sleidan commentar* lib. XIX, et Paul Jove *Hist. sui tempor.*, liv. IX.

sa chevalerie; c'était bien le vigoureux paladin de la *vieille chanson des Gestes* de Roland, cette chanson que plus tard le loyal et savant Lacurne Sainte-Palaye traduisait par ce vers si connu :

> Combien sont-ils ? Combien sont-ils ?
> . . . .
> Et ne comptez vos ennemis
> Qu'étendus morts sur la poussière.

Le Roi savait quelle était la puissance de Charles-Quint, mais avec sa tête chevaleresque, il n'avait jamais lu qu'Amadis de Gaule ou Tristan le Leonais eussent fait de telles réflexions, lorsqu'ils avaient à combattre des adversaires plus nombreux et formidables. Les politiques froids et réfléchis peuvent blâmer ces caractères imprudents même dans la gloire, mais donnez-les à juger à ces soldats d'honneur qui savent mourir sur un champ de bataille, ils en admireront la grandeur et la beauté; plus Charles-Quint était puissant, plus François Ier mettait d'orgueil à le vaincre. Rabelais, le cynique philosophe de Meudon, seul pouvait tourner en ridicule cette glorieuse audace de François Ier (1), et la comparer à Panurge dans l'île des Lanternes.

(1). Le caractère de Panurge dans l'île des Lanternes était une allusion critique à l'esprit aventureux et plein d'illusions de François Ier.

Le Roi confia de nouveau le gouvernement du royaume à sa mère, la duchesse d'Angoulême, régente pendant sa minorité, princesse remplie d'affection pour son fils, avec certaines passions, certaines antipathies, désireuse avant tout de joindre provinces sur provinces autour de la couronne de France. En vertu de cette idée, la duchesse d'Angoulême poursuivait un procès féodal contre le connétable de Bourbon sur la possession et l'héritage de plusieurs grands fiefs (1), le Bourbonnais, l'Auvergne, la Marche, le Forez, le Beaujolais, procès qui était une faute, au moment où la guerre avec Charles-Quint appelait le concours de toutes les forces des vassaux. On a dit que la duchesse d'Angoulême se vengeait d'un amour méconnu et rétrospectif ; les faiseurs de chroniques ont développé ce petit roman, sans remarquer que la duchesse d'Angoulême avait alors plus de cinquante-cinq ans, que le connétable de Bourbon en avait à peine trente, et que Louise de Savoie, duchesse d'Angoulême était absorbée dans son amour maternel. La véritable cause du procès féodal, intenté au connétable de Bourbon, était le désir d'a-

(1) Pasquier a très-bien analysé le procès au Parlement contre le connétable. *Recherches sur la France*, livre VI, chapitre 4.

grandir le royaume de France par de belles provinces, qui dans l'opinion des jurisconsultes, devaient revenir au domaine (1). Le connétable de Bourbon, fier et impétueux caractère, devait vivement s'impressionner d'une confiscation qui lui arrachait la plus riche partie de ses apanages : de là ses premières négociations avec Charles-Quint.

Le connétable de Bourbon, après les grands services rendus au Roi et à la France à la bataille de Marignan, devait espérer une autre destinée (2). Quand la guerre était prête à éclater, on l'humiliait encore en donnant toute confiance à la maison de Foix, qui, sous l'influence de la comtesse de Châteaubriand, grandissait au-dessus de la maison de Bourbon ; le maréchal de Lautrec gardait le commandement de l'armée d'Italie malgré ses fautes. La comtesse de Châteaubriand avait une famille de soldats à protéger : Lautrec, Bonnivet, capitaines aussi braves, aussi impétueux aux batailles, mais moins capables que le connétable de Bourbon de diriger une

(1) Le chancelier Duprat fut la main persévérante et inflexible qui fit prévaloir dans le Parlement le principe de la réversion à la couronne des apanages du connétable. L'arrêt est du 11 novembre 1522.

(2) Le séquestre fut mis sur tous les biens de la maison de Bourbon. (Mémoires de Du Bellay, livre II).

expédition militaire, de conduire à bonne fin les batailles et d'administrer surtout une armée, composée de compagnons hardis, de reitres, de lansquenets insubordonnés, qu'il fallait maintenir dans une discipline indulgente. Cette situation injuste qu'on avait faite au fier connétable était difficile ; le procès en parlement avait reçu une solennelle application, et tout le monde savait le mécontentement du duc de Bourbon, qui s'exprimait hautement et avec aigreur sur la reine-régente et François Ier.

Aucune de ces circonstances n'avait échappé à la sagacité politique de Charles-Quint : il avait compris tout le parti qu'il pouvait tirer de la science militaire du connétable, et quand le roi de France l'humiliait, le persécutait, l'Empereur offrait de le grandir et l'élever. Le plan de Charles-Quint était vaste, réfléchi, profondément hostile à la France ; il faisait rétrograder la monarchie jusqu'au règne de Charles VI avec ses infirmités et ses faiblesses. Il s'agissait de reconstituer le système des grands fiefs qui enlaçaient la couronne de France au XIVe siècle : les liens féodaux entre la maison de France et la maison de Bourbon n'étant pas très-bien définis, l'Empereur se proposait de constituer en faveur du connétable un royaume indépendant qui eût embrassé toutes les terres depuis le Bourbonnais jusqu'aux Pyrénées, depuis l'Auvergne jusqu'aux Alpes, de manière à morceller, à briser l'écu blasonné de la maison de Valois : ce royaume nouveau eût été donné au connétable (1). Ainsi, le roi de France n'aurait plus été qu'un prince de second ordre, enserré d'un côté par les duchés de Bourgogne, dont les droits étaient passés à Charles-Quint comme légitime héritier ; d'un autre côté par le roi d'Angleterre, qui devait reprendre une fraction de la Normandie, et enfin par le nouveau royaume institué au profit de la maison de Bourbon, qui agglomérait encore la Provence avec la promesse du Dauphiné. Ce projet se rattachait au système de monarchie universelle, auquel aspirait Charles-Quint, et qui ne pouvait admettre aucun roi puissant autour de son empire.

À l'effet de conduire cette négociation secrète et considérable avec le connétable, l'Empereur députa le comte de Beaurein (2), un de ses plus

---

(1) Le connétable devait épouser Éléonore, sœur de Charles-Quint, veuve du roi du Portugal avec une dot de 400,000 écus d'or. Pour tous les détails, on peut consulter *le procès en original du connétable.* (Manuscrits de la bibliothèque impériale), Voyez surtout la déposition de l'évêque d'Autun, 9 novembre 1523.

(2) Adrien de Croy, seigneur de Beaurein, fils du comte de Rœux.

habiles conseillers, qui devait apporter les bulles d'institution du royaume de Provence ; le négociateur trouva le connétable de Bourbon si profondément irrité contre la duchesse d'Angoulême, qu'il ne fut pas difficile de le convaincre et de l'entraîner. En acceptant ce traité hardi et secret dans cette circonstance particulière, le connétable ne commettait pas précisément une trahison envers la couronne de France : la maison de Bourbon ne possédait que l'Auvergne comme terre féodale du roi de France, et précisément le parlement venait de la confisquer ; le connétable n'était plus qu'un chevalier sans terre, sans état, libre d'accepter toutes les conditions qu'on lui proposait, et celles que lui présentait Charles-Quint étaient magnifiques. Il ne signa rien : mais il engagea sa parole, et résolut de s'enfuir pour rester libre de sa personne et de sa dignité. Le connétable fit connaître son projet à quelques membres de sa famille, à quelques vassaux sur lesquels il pouvait compter, et parmi eux à son cousin le sire de Poitiers, comte de Saint-Vallier (1) ; tous jurèrent sur le bois de la vraie croix qu'ils n'en diraient mot à âme qui vive. Dans sa déposition au grand procès, le

(1) Le comte de St-Vallier était chevalier de l'ordre, capitaine de cent hommes d'armes.

comte de Saint-Vallier dit bien « qu'il avait cherché à détourner son cousin de cette funeste résolution (1) » ce qui n'est pas probable, car il entra complétement dans le complot. Ce qui avait été convenu fut exécuté, le connétable prit la fuite avec une hardiesse incomparable pour aller joindre l'empereur Charles-Quint (2). Le comte de Saint-Vallier moins heureux, arrêté et traduit devant une commission du parlement, se défendit avec habileté, en protestant de son ignorance absolue des projets réels du connétable, en invoquant surtout la fidélité que, par la loi féodale, il devait à son seigneur immédiat le connétable, et le serment qu'il avait fait sur la vraie croix. Il fut flétri d'une sentence de félonie, on dressa un échafaud couvert d'un drap noir, la hache du bourreau était levée pour le frapper, quand un ordre du Roi vint tout à coup suspendre l'exécution.

De romanesques récits ont été faits sur la cause réelle qui détermina le Roi à cette clémence, et le plus accepté de ces récits est celui-ci : « Diane de Poitiers, jeune fille, sacrifia

---

(1) Déposition de Saint-Vallier (procès du connétable).
(2) On peut voir toutes les ruses qu'employa le connétable pour cacher sa fuite dans la déposition de Grossone, 4 octobre 1523 (procès du connétable).

son honneur au Roi pour sauver la vie de son père. » Ce drame un peu honteux est inexact, faux, et l'on peut s'en convaincre par le rapprochement des dates et l'examen des pièces (1). Le procès du connétable de Bourbon est de l'année 1523, ainsi que cela résulte de l'interrogatoire du comte de Saint-Vallier, encore existant (12 octobre 1523); Diane de Poitiers, née en 1499, avait été mariée le 6 novembre 1518, à Louis de Brézé, grand-sénéchal de Normandie ; ainsi, en 1523, elle n'était ni jeune fille, ni sous la dépendance de son père ; elle ne fut veuve que six ans après (2) et montra un grand désespoir à la mort de son mari, auquel elle éleva un monument funèbre où se lisait encore le nom de « Louis de Brézé, comte de Maulevrier. »

Diane de Poitiers était donc femme du sire de Maulevrier, quand elle fut aimée de François Ier. Était-ce avant ou après le grand procès, suivi contre les complices du connétable ? Ici les faits manquent. L'origine d'un sentiment d'amour est presque toujours caché, et la publicité n'ar-

(1) Le grave de Thou, au reste, le plus passionné, le plus inexact des historiens a rappelé toutes ces fables; Bayle les a acceptées (Diction. historique).

(2) D'après les généalogistes, la mère du comte de Maulevrier était fille naturelle de Charles VII et d'Agnès Sorel ; le comte de Maulevrier mourut le 23 juillet 1531.

rive que lorsque la faveur est venue à son apogée. Il faut remarquer qu'à la suite de la conjuration du connétable de Bourbon, il n'y eut aucune exécution à mort, tout fut transformé en prison perpétuelle, plusieurs des complices obtinrent même leur grâce absolue. Toutes les rigueurs se réunirent contre le comte de Saint-Vallier jusqu'au pied de l'échafaud : ce fut là seulement qu'il y eut commutation de peine ; et encore quelle grâce ! une transformation de la mort en une captivité perpétuelle (1). On pourrait douter même de l'influence de Diane de Poitiers à cette époque, puisque, dit-on, très-aimée du Roi, elle ne put obtenir la liberté absolue de son père.

Peut-être François Ier avait-il compris toute la profondeur de cette conjuration et toutes ses conséquences politiques. Le connétable avait quitté la France pour se mettre à la tête des armées de Charles-Quint. La face de la guerre allait changer. Il y avait sans doute dans la chevalerie de François Ier de braves cœurs, de rudes bras, des courages indomptables ; mais il n'y avait aucun chef d'expérience et de guerre qui pût être à la hauteur du connétable pour la

(1) Voir le procès du connétable (manuscrits de la Bibliothèque Impériale.

direction et la tactique d'une armée. Bourbon avait été le véritable vainqueur de Marignan ; il savait ranger une armée, la conduire avec intelligence. Si le maréchal de Lautrec, si les Bayard, les La Trémouille menaient vaillamment une troupe de chevalerie, de gens d'armes et même de reitres ou de lansquenets, là se bornait leur science militaire. Le connétable manquait donc à l'armée du Roi dans les circonstances périlleuses où se trouvait la France ; le vide qu'il faisait dans les rangs était immense, et malgré son dépit, sa colère, le Roi le savait bien.

Cette époque de la défection du connétable marque non pas la période de triomphe et de faveur de Diane de Poitiers, mais celle de la toute-puissance de la reine-mère, Louise de Savoie, régente ; elle seule gouverne, car le Roi est absorbé par la coalition qui, de tout côté, menace la France d'une invasion redoutable. Les lettres-patentes en faveur de la reine-mère sont des plus étendues; le Roi l'institue régente « à cause de son sens, vertu, prudence et intégrité pour régir et administrer jusqu'à ce qu'il soit de retour (1). »

(1) Ces lettres-patentes du 12 avril 1523, sont enregistrées au Parlement de Paris, le 7 septembre, et se trouvent au *Mémorial de la Chambre des Comptes*, c. c. f° 246.

XI

LA CHEVALERIE FRANÇAISE DANS LE MILANAIS. —
LES ESPAGNOLS EN PROVENCE. — LES DAMES DE MARSEILLE.

1523—1524.

L'alliance politique conclue entre l'empereur Charles-Quint et Henri VIII d'Angleterre, après la défection du connétable de Bourbon, était une véritable coalition militaire, que le roi François Ier ne pouvait repousser que par le développement de toutes les forces nationales. Il y eut dans toute la France un grand élan de chevalerie, qui se manifesta par une prise d'armes du ban et de l'arrière-ban et par des dons gratuits d'impôts.

Toutes les frontières allaient être envahies à la fois, et dans ces temps de sacrifice, les dames exerçaient un prestige de gloire, une puissance de générosité; elles firent vœu de n'aimer, de ne choisir pour leur servant d'amour, que les chevaliers qui partiraient, haut leur lance, dans les périls de la patrie pour combattre Charles-

Quint avec ses Espagnols, ses Flamands, et Henri VIII avec ses Anglais (1). Madame de Châteaubriand et Diane de Poitiers instituèrent un nouvel ordre de chevalerie, de courage et de galanterie.

Le premier théâtre de la guerre devait être encore l'Italie ; les Français occupaient le Milanais, le protégeant contre les Suisses et les reitres, sans jamais obtenir les sympathies des Italiens, toujours les mêmes, impatients de tout joug et pourtant incapables de s'en délivrer (2). La cause en était peut-être au mauvais gouvernement du maréchal de Lautrec, qui avait les pleins-pouvoirs de François Ier. Chaque brave capitaine, Bayard, La Palisse, Montmorency, combattant de droite, de gauche, faisaient des prodiges de valeur à Milan, Crémone, Brescia, sans obtenir ces résultats décisifs que la bataille de Marignan avait donnés aux Français. Le Roi avait confié le gouvernement suprême du Milanais à Guillaume Gouffier de Boissy, seigneur de Bonnivet, amiral de France, qui devait prendre la direction de l'expédition militaire résolue contre une ligue italienne, qui se formait encore

(1) Paul Jove *Hist. sui tempor.* lib. x.
(2) Guichardini, *lib. XV*; il est très-dessiné pour la ligue italienne.

une fois contre la domination des Français (1).

A chaque époque de son histoire, l'Italie, composée de populations hostiles les unes aux autres, avait cherché à se réorganiser en un seul corps de nation par une ligue politique et militaire momentanément formée, quelquefois dissoute par des antipathies ou des haines avant même qu'elle eût produit des résultats de délivrance et encore moins de nationalité. Cette fois, les Lombards, les Florentins, les Romains, les Modénais, les Napolitains, s'étaient formés en ligue, sous la protection de l'empereur Charles-Quint, pour marcher contre les Français et les expulser de la Lombardie. Les chefs militaires de cette ligue étaient Prosper Colonnia et François Sforza (2), tous deux Italiens et profondément hostiles à la France. Les troupes devaient se joindre aux Espagnols, aux Flamands, aux reitres et aux lansquenets placés sous l'épée du connétable de Bourbon, qui en avait reçu le commandement suprême des mains de l'Empereur. Tous marchaient également contre la chevalerie de France, qui opposait la bravoure la

---

(1) Bonnivet devait remplacer Lautrec au gouvernement de la Guyenne.

(2) Le Pape s'était déclaré le chef de la Ligue italienne. Guichardini, lib. xv, Belcarius, lib xvii, n° 55.

plus brillante, mais aussi la plus désordonnée à la ruse, à la finesse des Italiens, dont l'historien Guichardini nous fait le tableau si animé : Guichardini, chaud patriote, qui espérait restaurer la nationalité italienne ! De là, ses déclamations contre les Français qu'il considérait comme des obstacles à la délivrance de la patrie. Mais n'étaient-ils pas des étrangers aussi, ces Suisses, ces reitres et lansquenets, la plupart huguenots et mécréans, que l'Italie appelait à son secours ? Le caractère du connétable plaisait à ces troupes d'aventuriers, qui avaient pleine confiance dans la hardiesse de ses projets, dans la fougue de son caractère et la force de son bras.

La guerre d'Italie n'était qu'un point dans le vaste dessein de l'Empereur, qui voulait ramener la France à l'état d'abjection et d'abaissement, où elle se trouvait sous Charles VI. D'après son traité particulier avec le connétable, la Provence entrait dans le lot assigné au chef de la maison du Bourbon ; le connétable, impatient de prendre possession de la terre promise, dirigea son corps de troupes vers le Var, par Gênes et Nice ; la Provence n'était-elle pas le plus beau fleuron ajouté à ses domaines (1) ? L'Empereur

(1) L'historien de Thou entre dans beaucoup de détails sur

devait joindre une flotte et un corps de débarquement espagnol, pour seconder l'expédition du connétable. Le vieux Peschiera la commandait; plein de raillerie et de jalousie, le général espagnol n'obéissait que malgré lui au connétable; il avait reçu l'ordre secret de l'Empereur de s'emparer du littoral de la Provence : car il y avait longtemps que Marseille, république si riche, si commerçante, était convoitée par l'Espagne : n'y parlait-on pas la langue de l'Aragon et de la Catalogne ? son pavillon était illustré en Orient et par toutes les mers ; ses navires faisaient des escales en Egypte, et tant l'intimité était grande entre les Catalans et les Provençaux, qu'une colonie de pêcheurs était venue s'établir dans les rochers, vers une anse favorable de la côte qui gardait le nom des Catalans (1).

Traversant le bas Piémont au pas de course, après avoir franchi le Var, le connétable de Bourbon et ses lansquenets, auxquels s'étaient jointes quelques bandes ou régiments espagnols, pénétrèrent dans la Provence, dégarnie de troupes : l'ennemi s'empara de Grasse,

---

la campagne du connétable en Provence. Comparez avec Belcarius, livre XVIII; et Papon, *Histoire de Provence*, livre VIII.

(1) Pour s'opposer à la marche des Espagnols, François Ier, venait de signer un traité d'alliance avec Henri, roi de Navarre (27 septembre 1525).

Antibes, Toulon (qui alors n'étaient pas fortifiées), et d'Aix, la capitale du roi Réné, naguère si plaisante et si gaie, ravageant tout, les riches campagnes, les terres en fleurs ; puis, le connétable marcha sur la ville de Marseille, objet de convoitise pour l'empereur Charles-Quint, car Marseille liait la Catalogne à Gênes ; ces côtes devaient former une ligne de ports jusqu'en Italie. Aussi, à l'expédition du connétable, s'étaient jointes des troupes venues d'Espagne, sur la flotte que commandait Peschiera ; caractère prudent et tout à fait opposé à l'impétuosité du connétable, le marquis de Peschiera connaissait les Marseillais de vieille date, il les savait très-décidés à défendre leur ville, ou comme ils l'appelaient, leur république municipale, leurs lois et leurs franchises.

C'était au contraire avec une sorte de dédain que le connétable parlait de la résistance de Marseille : « Les bourgeois et marchands devaient venir la corde au cou implorer sa clémence et demander son commandement. » C'était mal juger l'esprit et la situation de Marseille et de sa corporation municipale ; on ne peut lire sans émotion dans le vieux historien Ruffi, la chronique de notre belle époque civique ; Ruffi (1) la source

(1) Antoine de Ruffi conseiller de la Sénéchaussée était né

de toute érudition en Provence, vieux conseiller municipal qui, assis sur sa chaise curule ou sous l'ombrage des pins de sa bastide, secouée par le mistral, écrivait avec un patriotisme érudit les faits de notre ville : que sommes-nous à côté de ces fidèles chroniqueurs du XVIIe siècle ?

Marseille alors s'élevait sur le flanc de la colline, abritant son port creusé dans l'anse qui sépare la montagne de la Vierge-de-la-Garde et la Colline-des-Moulins, situation admirable qui la garait du vent impétueux, du mistral et de la tempête des sables du Rhône ; les champs de Canèbe ou Chanvre (1) véritables marais, n'étaient pas bâtis encore ; la population armée des corporations, porte-faix, forgerons, ouvriers constructeurs, s'était accrue de quelques compagnies corses et génoises (2) au service de la république municipale. Les murailles comptaient huit tours, parmi lesquelles la tour de Sainte-Paule, la plus haute, protégeait la porte de la Joliette. (Paule et Jules-César, deux noms de la vieille Rome, la sœur de Marseille (3) dans

---

à Marseille en 1607. Son fils Louis-Antoine continua son œuvre d'érudition. *Histoire de la ville de Marseille*, 1643.

(1) Depuis la Canebière.
(2) Notre famille sort de quelques-uns de ces capitaines de compagnies génoises.
(3) *Romæ soror* dans les inscriptions lapidaires.

les médailles votives). L'armée du connétable, venue d'Aix, s'établit sur les hauteurs de la ville, en face même des murailles et de la porte de Jules-César; quand les batteries furent établies, les couleuvrines commencèrent à jouer, et l'on vit, comme aux temps héroïques, un beau spectacle; tandis que les hommes combattaient fièrement sur les remparts, les femmes apportaient des matériaux pour réparer les brèches, les projectiles de guerre pour lancer à l'ennemi. Ces femmes de Marseille, de race hellénique et gauloise, étaient fières et glorieuses de la cité; à cette époque, les romans de chevalerie mêlaient les femmes à tous les dévouements : elles avaient leurs Marphises, leurs Bradamantes, leurs Clarisses, transformation des Amazones de l'antiquité.

Marseille, malgré sa belle défense, eut inévitablement succombé, sans quelques circonstances qu'il faut noter : 1° la victoire de l'amiral André Doria (1) qui, à la tête des flottes génoises et marseillaises (2), dispersa la flotille espagnole; 2° la jalousie invincible du marquis de Peschiera, commandant les Espagnols contre le connétable

---

(1) Guichardini, lib xv, Mémoires du Bellay livre II.
(2) François Ier y avait ses galères commandées par un amiral du nom de Lafayette.

de Bourbon ; ils ne pouvaient se supporter l'un l'autre ; l'espagnol savait que la Provence était un lot qui revenait au connétable comme fief de son nouveau royaume, il le servait mal et mollement. Peschiera raillait même les efforts de Bourbon contre Marseille, et plusieurs fois il fit remarquer combien les Marseillais pointaient bien en envoyant leurs boulets jusque dans la tente du connétable, et il lui disait : « ce sont les timides bourgeois qui viennent la corde au cou et les clefs à la main se jeter à vos pieds » (1).

Mais ce qui sauva la Provence, ce qui délivra Marseille, ce fut la marche rapide d'un corps de gendarmerie de France, qui s'avança jusqu'au delà d'Avignon (2), sous la conduite du roi François Ier lui-même. Les Espagnols et les lansquenets, ainsi pris par les flancs, resserrés entre les Génois, les Marseillais et les Provençaux insurgés levèrent le siége de Marseille en toute hâte : ce fut presqu'une fuite. François Ier et sa brillante cour séjournèrent quelque temps à Aix, le Roi y fit célébrer les jeux du roi Réné, comme comte de Provence et il visita la Sainte-Baume, grotte antique où s'abrita Madeleine la

---

(1) Je ne pourrai rien dire de plus que Ruffi sur ces souvenirs du siége de Marseille, livre VI.
(2) Du Bellay, livre II.

pécheresse; le nom du roi de France fut longtemps incrusté sur ces rochers abruptes, couronnés d'une forêt séculaire, où le druidisme antique s'était abrité avec son caractère sombre et sanglant.

Que reste-t-il de ces vieux souvenirs, de cette grande mémoire de la défense de Marseille par ses citoyens et ses illustres dames ? les murs ont été détruits, la tour Sainte-Paule, la porte de Jules-César ont été renversées par les embellisseurs des cités. Le sol a été nivelé pour laisser place au vent du mistral, et à ce sable du Rhône, à la poussière de la Crau et d'Arenc. La civilisation moderne respecte peu les traditions du passé, elle sera dévorée à son tour par ses fils comme châtiment! Il est triste de voir Marseille si grande dans l'histoire, si antique dans ses souvenirs, renverser ses derniers monuments du passé : la vieillesse glorieuse a tort, on brise ses durs ossements; on la découronne de ses vestiges; l'industrie est impitoyable dans ses ravages et matérialise toutes les idées. Si la peinture n'avait crayonné le souvenir de l'héroïsme des dames marseillaises, si elle n'avait reproduit les murailles antiques, les tours, la cathédrale de la Major, l'esplanade de la Tourette, la place de Linche, les moulins et les sources abondantes qui tombaient des Accoules, sous les beaux jardins ombragés de Platanes, il ne resterait aucune trace de l'ancien Marseille, de cette ville aujourd'hui entrepôt de passage plutôt que cité, où les caravanes de la civilisation posent un instant leurs tentes de voyage vers l'Orient.

XII

LES POÈTES D'AMOUR ET DE GUERRE. — JEAN ET CLÉMENT
MAROT. — DIANE DE POITIERS.

1524—1530.

Tandis que l'ennemi envahissait le territoire, les grands tournois, les héroïsmes de la guerre, les sentiments exaltés de l'amour, avaient leurs chanteurs et leurs poëtes. A cette époque de la renaissance, on ne saurait assez dire combien l'exaltation produite par la lecture des beaux romans de chevalerie produisit de fabuleux exploits : la guerre est si triste dans ses réalités, qu'il est besoin d'une poésie idéale pour exalter les âmes. Si l'on n'avait eu, je le répète, que le vieux sybarite de Meudon, comparant François Ier à Panurge et ses soldats à des moutons, l'ennemi aurait paisiblement envahi le territoire, et Charles-Quint serait resté maître de la Provence. Heureusement les imaginations chevaleresques rêvaient un monde de gloire que le pourceau de Touraine ne comprenait pas : Rabelais garnissait sa panse, tandis que Bayard, Lautrec, La Trémouille, Montmorency, couraient défendre la patrie.

Les lectures favorites de François Ier et de ses paladins, de Diane de Poitiers, de madame de Châteaubriand, étaient le *Roman de la Rose*, commencé par Guillaume Lorris (1) et terminé par Jean de Meung. Malgré quelques méchancetés contre les dames, quelques mystiques histoires, le *Roman de la Rose* exaltait les âmes et créait les nobles actions. Le monde des réalités est si peu de chose, qu'il resserre l'œuvre de l'homme dans un cercle rétréci et matériel; il faut s'enivrer du fantastique pour courir à tous les héroïsmes. Qu'on me pardonne cette admiration pour Amadis de Gaule, pour Tristan le Léonnais, pour les quatre fils Aymond : j'aime à vivre avec ces épopées, ces contes et ces fables, la joie de nos aïeux. (2 Lorsqu'on veut s'expliquer l'hé-

---

(1) Guillaume Lorris était mort en 1240. *Le roman de la Rose* exerça une immense influence sur toute la société du xive et du xve siècle. Voyez sur ce sujet le beau travail de M. Méon, vieillard respectable qui passa sa vie à publier un texte pur et complet du *Roman de la Rose*. Je l'ai connu, étant élève de l'école des Chartes à la Bibliothèque Impériale ; lui et l'abbé de Lépine appartenaient encore à la vieille érudition.

(2) Je me suis souvent enivré de la poussière de ces vieilles éditions des romans de chevalerie. La Bibliothèque Impériale en possède une magnifique collection rare et premières œuvres de l'Imprimerie. La traduction *princeps* en prose d'Amadis de Gaule fut dédiée à François Ier.

roïsme de Bayard ou de Gaston de Foix, il faut ouvrir un de ces grands romans du moyen-âge, où tout est en dehors du possible : il n'y a que la vie usuelle qui ne soit pas comprise et racontée ; le chevalier a le privilége de passer au milieu des prodiges pour arriver à un but fabuleux : amour ou gloire. C'est ce qui le faisait l'ami des poëtes et des chanteurs de fables.

On les voit ces chanteurs à la suite de toutes les batailles aux époques les plus reculées, lors de la conquête de l'Angleterre par les Normands, et Robert Wace le Trouvère en a gardé mémoire. Les deux Marots, les poëtes de Louis XII et de François Ier, suivirent ces Rois dans leur guerre. Jean Marot, le père de Clément, aussi remarquable que lui, né de race normande, était devenu le secrétaire et le poëte de la reine Anne de Bretagne, femme de Louis XII ; il accompagna le Roi dans son expédition en Italie, à Gênes, à Milan, à Venise, riches cités qu'il célébra dans ses poésies. Il aimait les batailles et écrivait au milieu des hasards de la guerre. A la mort de Louis XII, devenu le poëte en titre de François Ier, il le servit également dans sa politique et dans sa gloire (1) : voulant associer

(1) Jean Marot était né à Caen en 1463 ; il avait commencé par publier son *Voyage à Gênes*, ou *Voyage à Venise*.

les trois États aux succès de la guerre, il composa son dialogue *entre clergé, noblesse et labour*, qui tous offraient leurs bras et leurs deniers pour la gloire de la France. N'était-ce pas le devoir de tous de relever la patrie, que les sceptiques abaissaient, en détruisant le prestige des belles actions? Quand le Roi fut vainqueur à Marignan, Jean Marot composa *une Epître galante des dames de Paris au roi François I*[er] *étant au delà des monts;* puis une autre *aux courtisans de France étant pour lors en Italie* (1). Parmi de hardies comparaisons qu'on ne peut toujours suivre dans leur licence, Jean Marot place bien au-dessus des Italiennes, les dames de France, pour les grâces, le maintien et les mille trésors de leur beauté ravissante. Aussi, après les avoir louées à l'extrême, il veut les enseigner dans leur conduite, et c'est pourquoi il écrit son *Doctrinal des Princesses et nobles Dames,* livre d'enseignements pour le maintien, l'esprit et les beaux habits qu'elles doivent porter. Poëte soldat, il chantait au milieu des camps; son Manuel, son Doctrinal, son Bréviaire, c'était le *Roman de la Rose,* d'une si fabuleuse popularité jusqu'au XVIe siècle, où les ennuyeuses

(1) Les œuvres de Jean Marot ont été recueillies pour la première fois, Paris, 1563.

controverses et la guerre civile vinrent détrôner les doux passe-temps des châteaux.

Clément, son fils, entra comme page dans la maison des Neuville-Villeroy, déjà grande à son origine; puis, il passa comme valet de chambre dans le service de Marguerite de Valois, duchesse d'Alençon, sœur de François Ier, ce ravissant esprit, qui adorait l'art de faire les vers ; à cette cour, il connut Diane de Poitiers, qui devint un moment sa protectrice, et à laquelle il adressait ses rondeaux et ballades. Il se montra ardent, passionné pour la divinité de ses rêves, passion de poëte, idéale, vaniteuse; on a dit qu'il fut aimé de Diane de Poitiers et de Marguerite de Valois ; l'amour-propre des poëtes a supposé tant de choses ! S'il avait été aimé de Marguerite, s'il avait eu puissance sur des cœurs si élevés, eût-il tendu la main dans ses poésies pour demander une gratification, et son traitement arriéré de valet de chambre (1). Les poëtes ne marchandent pas leurs expressions d'amour et d'enthousiasme ; grelottant de froid, souvent ils chantent les feux du soleil, et mourant de

---

(1) Ballade VIII. C'est Langlet Dufresnoy, le dernier des éditeurs de Clément Marot qui a émis l'opinion des amours de Clément Marot avec Diane de Poitiers (1745). L'abbé Goujet a discuté cette opinion avec une judicieuse critique.

faim ils décrivent les banquets somptueux. Il ne faut jamais prendre dans leur sens moderne les expressions galantes et d'une douce familiarité de la langue naïve du moyen-âge, l'amour n'y est pas voilé, les grâces restent nues ; les savants en galanteries expriment leurs passions pour des dames quelquefois inconnues, et jettent des baisers qui passent à travers les crénaux pour arriver jusqu'aux tourelles (1). Clément Marot garda ces traditions dans ses ballades ; noble cœur, plein de courage, servant d'armes très-brave, comme son père, il suivit François Ier dans son expédition de Flandre et se battit bien, en brave gentilhomme. (2) Inquiet de sa nature, frondeur de caractère, il n'épargnait personne dans ses vers pour l'éloge et le blâme. Ainsi que les trouvères et les troubadours du moyen-âge, il fit une rude guerre au clergé ou papelards; on le soupçonna même d'une certaine tendance pour les opinions nouvelles : n'était-il pas de mode parmi les universitaires et les lettrés de déclamer contre l'Eglise ? Les poëtes du XVIe siècle rappelaient les har-

(1) J'ai parlé des troubadours dans mon travail sur *Philippe-Auguste.*
(2) Clément Marot avait suivi François Ier à l'entrevue du *Camp du Drap-d'Or* et au camp d'Attigné, 1520.

diesses des troubadours albigeois au xiiie siècle ;
l'esprit ne peut se passer de certaines allures
frondeuses, et Clément Marot les gardait avec
une grande liberté : gourmand de son ventre, il
n'observait aucune des abstinences de l'Eglise,
ce qui le faisait soupçonner d'être huguenot ou
mangeur de la vache à Colas ; il paraît qu'il fut
dénoncé pour s'être affranchi des abstinences
du vendredi.

> Un jour j'écrivis à ma mie
> Son inconstance seulement
> Mais elle ne me fut endormie
> A me le rendre chaudement,
> Car dès lors elle tint parlement
> Avec je ne sais quel papelard
> Elle lui dit tout bellement :
> Prenez-le, il a mangé du lard   (1).

Or, manger du lard, ce n'était plus garder
l'abstinence, c'était le signe qui vous faisait reconnaître huguenot. Dans l'opinion du peuple,
le huguenot était un maudit, il mangeait de la
vache à Colas, dicton des multitudes qui avaient
leur instinct dans ces jugements. Les jeûnes, les
abstinences avaient été institués par l'Eglise,
non-seulement pour imposer la pénitence, mais

---

(1) Ballade viii. Voyez l'édition Elzevir qui est la plus
exacte et la plus correcte ; celle de Niort, in-16, 1595, est aussi
très-recherchée.

encore pour signaler aux riches ce que le pauvre souffrait de privations : le jeûne que l'opulent faisait à certaine période, le pauvre ne le supportait-il pas toujours ? Et il était bon de le rappeler aux heureux qui faisaient un dieu de leur ventre.

Des commentateurs ont supposé que la *Mie* de Marot, dont il est question dans ces mauvais vers et qui le dénonça, fut Diane de Poitiers. Il faut vraiment manquer de toute critique pour croire que madame de Châteaubriand, où Diane de Poitiers se fussent abaissées à dénoncer un poëte, valet de chambre spécialement protégé par Marguerite de Valois! Si Clément Marot fut poursuivi, c'est qu'il avait par ses écrits attaqué la foi de l'Eglise ; s'il fut mis au Châtelet, ce fut par ordre ou mandement des officiers de justice et par le parlement.

> Lors, six pendards ne faisant mie,
> A me surprendre finement,
> Et de jour pour plus d'infamie
> Firent mon emprisonnement.
> Ils vinrent à mon logement
> Lors, il va dire aux gros pendards :
> Par là, morbleu ! voilà Clément,
> Prenez-le, il a mangé du lard.

Marot, batailleur, plein de fantaisie, se faisait sans cesse arrêter sur la voie publique par les sergens. Aussi c'était surtout contre les gens de justice que Marot déclamait ; n'est-ce pas la plainte ordinaire de tous ceux que la justice poursuit? Marot parlait du Châtelet en termes durs et amers :

> Là, les plus grands, les plus petits détruisent
> Là, les petits peu ou point aux grands nuisent,
> Là, trouve-t-on façon de prolonger
> Ce qui se doit ou se peut abréger,
> Là, sans argent, pauvreté n'a raison,
> Là, se détruit mainte bonne maison   etc. (1).

Ces déclamations toujours les mêmes, à toutes les époques, s'adressaient au Châtelet. Pourquoi y mêler Diane de Poitiers et madame de Châteaubriand, nobles esprits qui inspiraient à François Ier les belles résolutions de lutter contre la coalition des Espagnols, des Allemands, des Italiens et des Anglais, qui menaçaient la monarchie. Les gens de littérature sont ainsi faits, quand on ne leur laisse pas dire et faire tout ce qu'ils veulent, ils se disent persécutés. Fran-

(1) C'est dans la pièce intitulée *l'Enfer*, que Clément Marot se livre à ces déclamations : *L'Enfer*, c'est le Châtelet. Au point de vue de la versification et de l'idée, je n'ai jamais beaucoup admiré Clément Marot, je n'ai même jamais compris que Boileau ait appelé *un élégant badinage* ces vers, la plupart fort ennuyeux, lourds et inintelligibles. Mais Clément Marot était mort hérétique, de là la renommée qu'on lui a fait.

çois Ier qui comprenait mieux les généreux dévouements, savait tout ce qu'à d'autres époques les femmes avaient rendu de services à la France ; n'est-ce pas lui qui à Fontainebleau écrivit ces vers charmants sur Agnès Sorel :

> Gentille Agnès plus d'honneur en mérite
> La cause étant de France recouvrer
> Que ce que peut en un cloître ouvrer
> Close nonain ou bien dévôt ermite.

Oui, telle était Diane de Poitiers, amoureuse de toutes les gloires, poussant le Roi comme Agnès Sorel « *à France recouvrer,* » elle le jetait en nouvel Amadis de Gaule, partout où il y avait péril et honneur. Diane, fidèle à la loi catholique, voulait maintenir la force d'impulsion que la foi donnait à la chevalerie, mais dénoncer un pauvre diable de poëte, tel que Clément Marot, un valet de garde-robe, parce qu'il avait mangé du lard et qu'il était parpaillot, c'est ce qui ne peut être supposé ! Les érudits ont bien souvent des petites idées et des sentiments même au-dessous de leurs idées (1).

(1) J'ai choisi la version la plus commune ; une autre peu différente a été donnée dans le *Recueil des poésies de François Ier* dont je parlerai plus tard.

XIII

L'ARMÉE FRANÇAISE EN ITALIE. — LA BATAILLE DE PAVIE.

1521 — 1525.

Si nulle chevalerie n'était plus brave, plus noblement courageuse que les gens d'armes de France, nulle aussi n'était plus imprudente, plus aventureuse, s'exposant à des dangers volontaires par le sentiment excessif de sa propre valeur : en France ce caractère ne peut se changer, il fait notre gloire et notre orgueil ; sentiment tellement extrême qu'il inspire un vrai mépris pour la valeur retenue et réfléchie. Le paladin modèle ne devait rien trouver d'impossible, ce qui avait eu souvent de tristes résultats militaires. Ainsi, les deux beaux types de la chevalerie française, Gaston de Foix (1) et Bayard (2), chaque fois qu'ils avaient été chargés de commander des expéditions lointaines, avaient ex-

---

(1) Gaston avait été tué à la bataille de Ravennes.
(2) Blessé dix-sept fois dans sa carrière de soldat (Voyez sa vie écrite par son écuyer).

posé leurs gens d'armes à des périls et souvent même à d'inévitables défaites. Ils se battaient en Roland, en Renaud de Montauban, les héros qu'avait choisis l'Arioste dans le poëme qu'il venait de publier, sous le titre d'*Orlando furioso* (1), qui exerça une grande influence sur cette génération. Ce caractère d'imprudence glorieuse, les généraux italiens et espagnols le connaissaient parfaitement, et ils en profitaient avec leur habileté et leur expérience accoutumées, pour entraîner les Français dans les piéges, où les poussait la fougue de leur glorieux caractère.

Le commandement de l'armée d'Italie avait été laissé à l'amiral Bonnivet, brave capitaine, qui avait du sang de Montmorency dans les veines, et comme dit Brantôme : « gentil esprit fort bien disant, fort beau et agréable » (2), qui avait remplacé le maréchal de Lautrec dans le Milanais : plus brave qu'expérimenté, l'amiral Bonnivet assiégeait Milan, sans prêter une grande attention à l'armée centrale italienne, que commandait le marquis de Peschiera ; et cependant,

---

(1) Le poëme d'*Orlando furioso* fut commencé à imprimer en 1515, et achevé en 1516. L'édition de Ferrare est très-rare ; celle des Aldes, 1545, est aussi fort recherchée.

(2) Vie des grands capitaines.

cette armée composée de toutes les races italiennes, milanaises, génoises, lombardes, romaines, comptait de bons soldats. Les Napolitains surtout (et c'est une remarque à faire que cette grande renommée alors des régiments napolitains) formaient les meilleures troupes de Charles-Quint (1) ; on les citait pour leur excellente discipline et leur patiente valeur, — la race normande semblait y avoir laissé son empreinte depuis le xe siècle. L'amiral Bonnivet, repoussé en plusieurs rencontres, un peu découragé, remit le commandement de l'armée à Bayard, le chevalier sans peur et sans reproche, capitaine d'une médiocre capacité ; pour la vaillance et la loyauté, rien de plus digne d'éloge que Bayard, il se battait à outrance comme un digne preux des meilleurs temps. Mais, c'était un bien pauvre chef d'armée, presque partout il était battu. Il le fut à Rebec, près Milan, où il soutint mal le choc des Espagnols si disciplinés : le capitaine Bayard se faisait vieux, il devenait grognard, discoureur. A Biagrasso, où il prit le commandement de la retraite, il reçut encore un échec ; dans la confusion d'une marche en arrière rapide, Bayard,

(1) Les régiments napolitains sous la Ligue occupèrent Paris. Voir mon travail *sur la Ligue*.

qui se battait partout comme un lion, fut frappé d'un coup d'arquebuse à croc dans les reins (1) ; blessé à mort, il prononça quelques humbles prières à Dieu, regardant sa longue épée en croix comme un héros du temps des croisades. Le connétable de Bourbon, qui poussait sa victoire avec vigueur, vint jusqu'à lui et lui dit quelques mots de courtoisie et de regrets sur sa blessure, et de touchants éloges de sa vaillance.

La chronique prête à Bayard des reproches amers adressés au connétable sur sa trahison envers le Roi, reproches que l'on ne trouve que dans la vie de Bayard (2). Je ne crois pas à ces paroles; en vertu des idées féodales, le connétable de Bourbon, dégagé de tous liens par la confiscation de ses fiefs, n'était plus qu'un aventurier sans patrimoine et sans terre, qui combattait selon sa fantaisie; il n'y avait pas alors de sujets du roi, mais des vassaux du suzerain : les idées de la nationalité étaient très-imparfaites, et le connétable de Bourbon n'était pas plus déloyal que le duc de Bourgogne combattant Charles VII ou Louis XI. Le connétable pour-

---

(1) Le 24 avril 1524; il était né en 1476.
(2) Vie de Bayard écrite par un loyal serviteur, Paris, 1527 in-4°.

suivit sa victoire en dispersant les gens d'armes de Bayard qui faisaient leur retraite sur le Piémont. Le connétable se hâta de marcher sur Turin, espérant par un coup de main hardi se saisir du passage des Alpes, s'assurer l'alliance (1) du duc de Savoie, et rattacher à sa cause cette maison toujours disposée pour le vainqueur.

Quand ces désastres frappaient l'armée d'Italie, François Ier était à Lyon au retour de son expédition de Provence, que les Espagnols venaient d'évacuer. Le Roi résolut donc de passer encore une fois les Alpes, soit pour appuyer la retraite de ses gens d'armes, soit pour prendre l'initiative contre le connétable de Bourbon, car il avait ici une injure personnelle à venger. François Ier, que nul n'égalait en bravoure, voulait se mesurer avec le connétable et le vaincre en bataille rangée, comme le plus brave et le meilleur capitaine. Le Roi traversa rapidement les Alpes (2), le *Pas de Suze* était encore libre, hâtant ainsi sa marche sur Milan, qui était le but de la campagne. Nulle résistance ne lui fut d'a-

(1) Guichardini, Hist. Ital, livre xv, toujours très-ennemi de la puissance française en Italie.

(2) Il ne fut pas même arrêté par la nouvelle de la mort de Madame (Claude de France), sa femme, *Sanctissima fœmina*, 25 juillet 1524, Belcarius, livre xviii.

bord opposée ; Milan était alors ravagé par la peste ; le peuple mourait par milliers, et les convois funèbres remplaçaient les fêtes de fleurs et de ballets, qui avaient accueilli la première entrée des Français en Lombardie (1) ; on eût dit Florence à ce temps de désolation, de la peste noire, quand Boccace composait ses contes aux sons funèbres des cloches des campaniles. Le Roi fut donc obligé de disperser son armée dans les plaines du Milanais, afin de la préserver de ces émanations funestes, de ces vents empestés ; il put d'abord manœuvrer sans obstacles, car le connétable de Bourbon, alors préoccupé de réorganiser son armée, s'était rendu dans la basse Allemagne pour recruter les reitres et les lansquenets, qui avaient en lui bonne confiance pour le butin et la victoire. A l'imagination de ces lansquenets de la Souabe et du Rhin, s'offrait une expédition jusqu'au centre de l'Italie, contre Rome surtout et le Pape : les prédications de Luther encore récentes travaillaient l'Allemagne de vives haines contre l'église ; le connétable de Bourbon, avec son caractère de hardiesse, avait promis une riche proie, sans respect pour les sanctuaires (2) ; il parcourait l'Allemagne en

---

(1) Guichardini, lib. xv.
(2) Le duc de Savoie qui avait passé à l'alliance de Char-

faisant ainsi un appel à tous les aventuriers, reitres, lansquenets hérétiques. En quelques mois, le connétable en groupa plus de dix mille autour de lui, tous braves, déterminés, gens de sac et de corde, héros de courage ou gibier de potence, selon les temps et les circonstances, mécréants excomuniés qui passèrent les Alpes Lombardes sous un chef étrange, digne du crayon d'Albert Durer. Il avait nom Fronsperg ou Fronsberg (1) ; d'origine de Souabe, d'une haute stature, d'une force de corps extraordinaire, mécréant de toutes manières, gros buveur de vin du Rhin, d'une corpulence épaisse, d'un ventre proéminant, il avait fait faire une chaîne d'or pour étrangler le pape (3). Les lansquenets firent leur jonction avec les Espagnols, que commandait Antonio de Lève ; et ces troupes se placèrent sous les ordres du connétable de Bourbon, en qui tous plaçaient leur confiance, comme au plus habile capitaine de son temps

---

les-Quint avait fourni des subsides au connétable de Bourbon pour la levée des reitres (Guichenon, *Histoire de la maison de Savoie*, 1524).

(1) Brantôme a consacré un article à *Fronsberg* (Voyez *Capitaines étrangers*).

(2) Elle était d'or parce que, disait-il : *A tout seigneur tout honneur*.

et au chef le plus sans scrupule sur les résultats de la victoire.

La situation de François Ier dans le Milanais, entouré par tous les points, cerné par les Alpes, n'était longtemps tenable et possible qu'en conservant une libre communication avec le port de Gênes, d'où les renforts pouvaient arriver. Les Génois avaient promis de seconder l'armée du roi de France, leur ancien seigneur, par un ou deux corps d'arbalétriers et bombardiers (1) : tiendraient-ils leur parole? Or, pour conserver ces libres communications, il fallait nécessairement aux Français la possession de Pavie. Un corps considérable de l'armée s'y était porté sous les ordres du maréchal de Montmorency. Ce siége fut long et meurtrier, parce que la défense fut belle et confiée à don Antonio de Lève, qui espérait l'arrivée prompte du connétable. Durant le long siége de Pavie, l'armée de François Ier s'était dispersée en petits corps pour suivre des expéditions différentes, et un mouvement de concentration commandé par le Roi, fut mal exécuté (2). Le connétable manœuvra avec

---

(1) Belcarius, livre xviii, n° 17. L'armée de Francois Ier occupait Varregio et Savonne.

(2) Les Français comptaient 1,800 lances et 26,000 hommes d'infanterie (Paul Jove, livre x).

tant d'habileté qu'il se plaça entre la ville assiégée et l'armée des assiégeants : ainsi le camp retranché qu'avaient construit les Français pour s'y protéger en cas de revers, se trouva tout à coup entouré par les Allemands du connétable, les Espagnols du marquis de Peschiera, les Italiens et les Napolitains du vice-roi de Lannoy, et, derrière l'armée, Pavie, dont la garnison pleine d'espérance redoublait ses efforts. L'armée de France se trouvait pressée dans un cercle de fer qui se resserrait chaque jour davantage.

Fallait-il attendre l'ennemi dans le camp retranché? alors on s'exposait à manquer de toutes choses, à voir Pavie ravitaillée, et à se trouver ainsi soi-même assiégé! Devait-on prendre l'initiative d'une bataille ? la victoire pouvait seule sauver l'armée! et c'est à ce dernier parti que s'arrêta le roi François I*er* (1).

Pour répondre à tant d'ennemis à la fois, les Français durent considérablement étendre leurs ailes et affaiblir leur centre. Le connétable, avec son expérience de guerre, vit l'imprudence et la faute de ce mouvement, et sans étendre ses

(1) Sur la bataille de Pavie on peut comparer Guichardin, lib. xv. Les mémoires de du Bellay, livre II et surtout Brantome, articles *La Palisse*, *Bonnivet*. Brantôme avait connu plusieurs des capitaines qui assistèrent à la bataille de Pavie.

lignes, il groupa ses troupes en forts carrés de lances pour couper les corps les plus faibles, et les séparer du centre de bataille en les entourant. Quand les trompettes eurent sonné, le corps intrépide des aventuriers allemands se précipita, en poussant des cris sauvages, sur l'aile gauche que commandait le duc de Suffolk, à la tête des Écossais ; ces braves alliés de la France se défendirent vaillamment, formés en carrés profonds, mais, écrasés par le nombre, ils roulèrent les uns sur les autres sans quitter leurs rangs. En même temps, les Espagnols et les Napolitains, coupant l'aile droite du corps de bataille, faisaient contre cette aile une attaque aussi vigoureuse que celle des reitres ; ainsi, les deux envergures de l'immense oiseau de proie, comme le dit Guichardin, étaient arrachées du corps qui restait seul en butte à l'attaque du connétable (1).

Au milieu de ce corps de bataille, se trouvait François Ier, à la tête de sa plus brave gendarmerie ; le Roi ne cherchait ni à se déguiser ni à se confondre : monté sur son grand cheval de bataille, couvert de son armure brillante, de son

---

(1) Guichardin, l'ennemi de la France, raconte la bataille de Pavie avec une joie mal dissimulée, lib. xv.

haubert à fil d'argent, de son casque orné de plumes blanches flottant jusque sur le dos, on le voyait de tous les points de la bataille; sa stature élevée l'exposait à tous les regards : comme le Roland de l'Arioste, il portait des coups valeureux de droite et gauche, ne craignant pas les combats singuliers. Autour de lui les plus braves gentilshommes tombaient en faisant des trouées profondes, et peut-être ce combat de géants eût-il rétabli la bataille, si le marquis de Lève n'eût fait avancer un corps tout nouvellement formé, c'étaient les arquebusiers basques, petits hommes légers, habitués à courir dans la montagne comme des chamois, instruits au tir de l'arquebuse, à ce point qu'ils ne manquaient jamais leur homme, et quand l'arquebuse n'atteignait pas son coup, ils se glissaient comme des serpents, et avec de longs coutelas qu'ils arrangeaient au bout de leur arquebuse en guise de lance, ils atteignaient le poitrail des chevaux, qu'ils éventraient lestement (ces coutelas forgés à Bayonne prirent depuis le nom de baïonnettes).

Oh! que de braves chevaliers furent ainsi frappés! que de dignes compagnons du Roi mordirent la poussière, Chabanne, La Palisse (1),

(1) La Palisse fut tué d'un coup d'arquebuse; il avait as-

La Trémouille qui eut le cœur et la tête percés (deux nobles blessures) (1); ils tombèrent aux pieds du Roi. François Ier venait d'avoir son cheval tué d'un coup de glaive tranchant. Debout comme un héros de l'*Iliade*, il frappait d'estoc et de taille avec une force et une dextérité sans égale, tenant son épée des deux mains, qu'un homme fort peut à peine soulever aujourd'hui. Comme le Roi était reconnu, on ne cherchait pas à le tuer, mais à le prendre comme à un jeu d'échec; déjà blessé au front dans sa lutte héroïque, il reçut un nouveau coup d'épée à la jambe, et, un genou en terre, il combattait encore, entouré de Basques qui voulaient le saisir avec des espèces de lacets, lorsqu'un gentilhomme français, du nom de Lemperant, écuyer du duc de Bourbon, se faisant jour dans la foule, arriva auprès du Roi, se prosterna devant lui le suppliant de se rendre au connétable. Politiquement le Roi eût bien fait; avec le connétable il pouvait espérer un traité favorable, comme d'un vassal à son suzerain,

---

sisté à dix-sept batailles. Un Guise fut également tué, il portait le titre de comte de Lambesc.

(1) Ce fut deux coups d'arquebuse des Basques. Brantôme est plein d'un froid intérêt en racontant la mort de ces braves capitaines.

mais le sentiment de l'honneur et de l'indignation était trop vif, trop énergique contre Bourbon qui l'avait trahi. François Ier préféra rendre son épée au lieutenant de Charles-Quint, de Lannoy, vice-roi de Naples. Il espérait en la puissance et la générosité de son ennemi (1) : traiter avec Charles-Quint pouvait être un malheur, jamais une honte ! de Lannoy, appelé sur le champ de bataille, mit le genou en terre, et reçut avec le plus grand respect l'épée de François Ier accablé de la double douleur de ses blessures et de sa défaite.

A ce moment, se passait une scène de grande chevalerie ; le connétable de Bourbon et l'amiral de Bonnivet se cherchaient des yeux dans toute la bataille pour engager un combat singulier. Guillaume de Gouffier de Boissy, sire de Bonnivet (2), tout dévoué à la reine-mère, avait con-

(1) Le père Daniel est celui des historiens du xviie siècle qui a le mieux résumé la bataille de Pavie ; on a trop dédaigné le père Daniel et on l'a jugé sur quelques lazzis de Voltaire ; le père Daniel s'occupait surtout des opérations militaires. Dans l'ordre des jésuites, chacun avait sa spécialité. J'ai entendu dire par le plus éminent des écrivains militaires que le père Daniel était l'historien qui avait le mieux raconté les opérations de guerre dans l'histoire de France.

(2) Brantôme, toujours un peu conteur, dit que l'amiral Bonnivet était l'amant heureux de la comtesse de Chateaubriand.

seillé le procès de confiscation contre le connétable, et préparé ainsi sa défection. Ils s'en voulaient donc l'un et l'autre à mort et espéraient croiser le fer. La bataille était perdue pour la France, Bonnivet courait en fou pour atteindre corps à corps le connétable, lorsqu'il fut entouré par les Basques; en vain le connétable voulut traverser les aventuriers pour engager un combat personnel, les archers n'obéirent pas; ils voulaient faire prisonnier Bonnivet, qui, avec un beau dédain de la vie, se précipita au plus fort de la mêlée, et tomba percé de coups de pique; quand le connétable le vit ainsi étendu tout sanglant, il versa des larmes abondantes : « Malheureux, tu es cause de la perte de la France et de la tristesse qui m'accable même dans ma victoire ! »

XIV

CAPTIVITÉ DE FRANÇOIS Ier A MADRID.

1524 — 1525.

Tous ces respects, qui entouraient le roi de France captif, n'étaient que de la chevalerie : un roi, dans les idées féodales et religieuses, était l'objet d'un culte profond et antique, et nul n'eût osé effacer l'empreinte de l'huile sainte du couronnement et du sacre. Mais tous ces respects ne détournaient pas les projets de politique générale de Charles-Quint, et François put bientôt reconnaître la faute qu'il avait commise en ne remettant pas son épée à Lemperant, l'officier chargé des ordres du connétable (1). D'après le droit public de cette époque, tout captif devait sa rançon; il était évident que Charles-Quint l'imposerait dure, impérative et surtout en rapport avec ses intérêts politiques. Héritier des ducs de Bourgogne, ces grands vassaux hau-

---

(1) Les regimentos espagnols prétendaient s'être emparés de François Ier. On joua longtemps à Madrid un drame ou (saynete) dans lequel un Espagnol était représenté terrassan François Ier sous ses genoux.

tains, représentant de la maison d'Anjou et de Provence, Charles-Quint devait reprendre sur François Ier tout ce que Louis XI avait réuni à la couronne de France, et essayer de reconstruire les liens de cette féodalité des temps de Charles VI et de Charles VII, qui enlaçait le trône de France sous des étreintes si dures.

François Ier fut d'abord envoyé à la citadelle de Pizzitone, sous prétexte de le guérir de ses blessures (1). Le conseil de Castille, réuni à la hâte, avait décidé, sur l'avis inflexible du duc d'Albe, que le roi de France serait conduit à Madrid, et qu'une fois en Espagne, il serait pris à l'égard du roi de France toutes les résolutions que les intérêts du royaume pourraient commander. Charles-Quint, qui avait inspiré les avis de son conseil, fit semblant de les subir; et comme s'il voulait se mettre à l'abri de toute influence particulière et chevaleresque, il s'absenta de Madrid, au moment même où François Ier y arrivait. Le roi fut traité avec toute sorte de

---

(1) Brantôme dit qu'il alla faire sa prière dans l'église des Chartreux de Pavie et la première chose qui le frappa ce fut ce passage du psaume : *Bonum mihi quia humiliaste me et discam justificationes tuas.* La Chartreuse de Pavie est une des merveilles de la Renaissance ; elle est en beau marbre de diverses couleurs et ressemble à un bijou d'ivoire incrusté d'ébène.

respect, mais gardé à vue ; l'aspect de cette ville toute monacale, la caractère grave, compassé de la grandesse espagnole, était en opposition complète avec les façons galantes et ouvertes de François Ier; il en conçut un grand ennui, une douleur si profonde, qu'il en tomba malade. En vain, plusieurs fois, il avait demandé une entrevue personnelle avec Charles-Quint, qui l'éludait toujours, afin d'abandonner à son conseil le soin d'imposer un traité inflexible.

A la cour de France, la nouvelle de la captivité du Roi avait excité un sentiment de tristesse désolée. Sa mère, la duchesse d'Angoulême, prit la régence, et, avec l'autorité politique, la tutelle de ses fils si jeunes encore, le Dauphin et Henri, duc d'Orléans. Depuis le roi Jean, jamais la situation du royaume n'avait été plus triste, il n'y avait ni paix publique ni unité. Il fallait lever des impôts pour préparer la rançon du Roi ; on devait craindre l'opposition des parlements, qui en général profitaient des pénuries du pays pour renouveler leurs remontrances. Les prédications de Luther et de Calvin avaient soulevé partout des espèces de jacqueries ; les châteaux étaient pillés (1) par des bandes ar-

---

(1) Il existe un édit. (25 septembre 1523) qui ordonne de

mées, et les paysans étaient soulevés en Lorraine, en Champagne, et jusque dans le Parisis. Sur un seul point, en Alsace, douze mille reitres tudesques, à l'aspect rude, à la parole gutturale, s'étaient rués sur les propriétés, en proclamant une sorte d'égalité et de fraternité sombre et menaçante. La régente, pour ramener un peu d'ordre, dut prendre quelques mesures contre la propagation des idées de Luther (1). Il y eut moins de persécutions religieuses que de précautions de sureté publique à cette époque.

Ici se manifestent des faits historiques considérables : le commencement de la puissance des Guise et leur union politique avec Diane de Poitiers. Le premier de ces braves princes lorrains venait de disperser comme des loups enragés les paysans luthériens soulevés, dans plusieurs sanglantes rencontres, et ses services grandissaient son pouvoir. Sous l'influence de ses victoires, par le concours de Diane de Poitiers, le comté de Guise fut érigé en duché-pairie. Il y avait une grande conformité d'opinions entre Diane de Poitiers et les Guise, pour réprimer

---

courir sur ces aventuriers pillards et *mangeurs* de peuple (Recueil Fontanon 115, 166).

(1) Lettres patentes de la Régente relatives aux poursuites à exercer contre les luthériens (10 juin 1525).

ces nouveautés religieuses qui se reproduisaient comme une grande jacquerie et menaçaient d'une guerre civile en préparant le retour des grandes compagnies.

Il n'en avait pas été ainsi de madame de Châteaubriand, qui par sa famille, appartenait essentiellement au tiers parti, à la modération, à la tolérance. Amie de Marguerite de Valois, la sœur de François Ier, noble cœur, mais liée avec le poëte Marot, avec les érudits, Béze, Erasme, Bude, et même avec Calvin, madame de Châteaubriand n'avait pas les opinions fermes et tenaces de Diane de Poitiers ; elle n'aimait pas les Guise et se plaçait avec les Montmorency, pour lutter contre leur influence. Clément Marot, qu'elle protégeait, s'était montré brave pendant la guerre d'Italie, et à Pavie il avait été blessé à côté du Roi : revenu en France, toujours un peu brouillon, il avait été mis encore au Châtelet, d'où il avait écrit au Roi pour déplorer ses malheurs, en implorant la générosité de Charles-Quint (1). Il ne put suivre Marguerite de Valois, mais il applaudit au projet qu'elle venait de former, de se rendre à

---

(1) La régente insistait auprès du Châtelet pour qu'il suivît une procédure contre Marot.

Madrid afin de consoler son frère captif, alors très-souffrant et surtout plongé dans une profonde mélancolie (1). Marguerite avait obtenu un sauf-conduit de Charles-Quint, limité pour le temps, et, sans hésiter, la princesse était partie avec quelques-unes de ses dames, parmi lesquelles était la comtesse de Châteaubriand, car Marguerite n'aimait pas Diane de Poitiers, trop liée aux Guises pour approuver la tolérance de Marguerite de Valois envers les huguenots.

Quand cette cour de nobles dames vint à Madrid, elle trouva le roi François Ier alité, les larmes aux yeux, le désespoir au cœur; Charles-Quint ne l'avait visité qu'une fois, sous prétexte qu'un traité sérieux devenait impossible, dans des relations trop intimes, car à ses yeux, disait-il, il n'y avait pas de Roi captif, mais un frère malheureux (2) ; simple prétexte pour laisser toute liberté aux exigences impératives du conseil de Castille. Si même Charles-Quint avait donné un sauf-conduit à Marguerite, c'est qu'il craignait pour la vie de son prisonnier, sa seule

---

(1) Mémoires du Bellay, livre III.
(2) La conversation fut courte. « *François Ier* : Votre Majesté veut donc voir mourir son prisonnier ?

« *Charles :* Vous n'êtes point mon prisonnier, mais mon frère et mon ami. » Arnold Ferron, *de rerum Gallicæ*, lib. VIII.

garantie : Peut-on croire néanmoins aux sentiments si bas qu'on prête à ce grand esprit, Charles-Quint, et qu'on pourrait ainsi résumer : ce François Ier mort, plus de gage pour imposer à la France une paix inflexible. » En repoussant même ce côté odieux de la négociation, il eût été déplorable pour sa renommée de chrétien et de Roi, qu'un prince tel que François Ier, mourût d'ennui et de douleur dans le triste *retiro* de Madrid. Aussi le sauf-conduit fut accordé avec facilité à Marguerite de Valois et à ses dames qui, partout sur leur route, furent accueillies avec honneur et distinction, et furent conduites jusqu'à Madrid (1) par les officiers de l'Empereur.

Dire quelle fut pour François Ier la tendresse de cette sœur bien-aimée, ce serait le récit d'une vie toute de dévouement : rieuse de caractère, spirituelle de propos, la princesse était entourée de jeunes femmes gracieuses comme elle, et la *marguerite*, comme dit Marot, brillait au milieu d'une corbeille de fleurs. Dans les longues soirées de la captivité de Madrid, elle improvisa et lut à son frère ses contes un peu hardis à la manière de Boccace, ces libres com-

---

(1) Paul Jove, histor. lib. III.

positions qui ont survécu comme les *cent nouvelles* de Louis XI, un de ses passe-temps favoris (1). *L'Heptaméron*, qui prit plus tard le nom de la reine de Navarre, est une suite de petites nouvelles, très-attrayantes sur tous les sujets d'amour et de galanterie. François Ier aimait les petits scandales de propos ; il provoquait les confidences d'amour, les indiscrétions de ses compagnons de chevalerie. A travers les voiles transparents, les historiettes de Margueguerite de Valois, sa sœur chérie, lui faisaient des révélations sur les mœurs de sa cour, sur les dames qu'il avait connues et aimées : Brantôme a été plus libre et plus osé dans ses portraits, sans épargner même la reine Marguerite ; « bien disante des choses d'amour et qui en savait plus que son pain quotidien en matière de galanteries. »

(1) Les contes de la reine de Navarre furent recueillis par Claude Gruget, un des valets de chambre de Marguerite et dédiés à Jeanne d'Albret. 1 vol. in-4°, 7 avril 1559.

XV

NÉGOCIATIONS POUR LE TRAITÉ DE MADRID.

1625.

C'était comme un doux rêve pour François Ier que le séjour de Marguerite de Valois et de ses gracieuses dames à Madrid. Ce temps heureux devait bientôt s'effacer ; le Roi une fois rétabli et le sauf-conduit expiré, Charles-Quint pressait le départ de cette petite cour de France qui était venue s'abattre comme un chœur joyeux d'oiseaux gazouillant. La gravité espagnole s'inquiétait de ces joies qui pouvaient cacher quelques projets d'évasion. Le conseil de Castille, le duc d'Albe son chef, avait même prévenu Charles-Quint, « qu'il se tramait quelque chose d'héroïque, d'inattendu, entre François Ier et sa sœur, une résolution qui pouvait tout à coup changer la situation politique si glorieuse pour l'Espagne, qu'avait créée la bataille de Pavie. Le désespoir du Roi ne pouvait-il pas le porter à des extrémités fatales ?»

François 1er avait demandé loyalement à l'Empereur, quelle condition il imposait à sa délivrance. Le conseil de Castille, après de longs retards, avait enfin répondu en envoyant un projet de traité d'une inflexibilité rigoureuse pour le captif. Ces conditions étaient celles-ci : 1° la renonciation absolue à tous les droits du roi de France sur le Milanais, Gênes, le royaume de Naples, et à toute influence sur l'Italie centrale; 2° la cession ou ce que Charles-Quint appelait la restitution (1) de la Bourgogne à l'héritier de ses anciens ducs, c'est-à-dire à lui, Charles, le petit-fils de Marie de Bourgogne; 3° la constitution au profit du connétable de Bourbon d'un royaume indépendant qui se composerait de la Provence, du Dauphiné, du Bourbonnais, du Forêt, du Lyonnais, (2) de manière à ce que le royaume de France fût réduit à l'état où il se trouvait sous Charles VI et Charles VII ; en un mot le retour de la monarchie française jusqu'au xve siècle.

On s'expliquait très-bien comment François Ier avait d'abord rejeté ces dures et malheureuses conditions ; il avait donc pris tout

(1) Le mot de *restitution* se trouve dans la note. En effet, Charles-Quint était fils de Philippe, archiduc d'Autriche, lui-même fils de Maximilien et de Marie de Bourgogne.

(2) Ces deux provinces étaient déjà dans l'apanage du duc de Bourbon. Il devait recevoir en plus la Provence et le Dauphiné.

à coup dans ses conversations avec Marguerite de Valois sa sœur, une résolution que le conseil de Castille avait pressentie et pénétrée. En France le Roi ne mourait jamais, si donc François Ier abdiquait, le dauphin devenait Roi sous la régence de sa mère sans intervalle, sans interruption d'un règne à un autre, et il ne resterait plus à Madrid dans les mains des Espagnols, qu'un prince captif sans royaume et sans terre qui serait délivré quand Dieu voudrait (1). Cette abdication signée du roi, Marguerite de Valois la portait dans les plis de sa robe et le conseil de Castille avait soupçonné cette ruse ou ce qu'il appelait le vol moral du prisonnier ; mais au moment où il en était informé, la princesse passait la frontière et arrivait en Navarre évitant ainsi toute investigation.

Hélas ! la résolution qu'avait pris François Ier était au dessus de ses forces et l'ennui jetait ses pavots sur sa volonté engourdie ; il s'était cru assez résigné pour supporter une longue captivité, il ne le pouvait pas. La mélancolie l'avait ressaisi : plus de sommeil, plus d'appé-

---

(1) Paul Jove, lib III. Le Roi avait désigné le maréchal de Montmorency et Brion pour diriger le Dauphin par leurs conseils.

tit, plus de banquet ; son œil morne et consterné se tournait vers la France. Les bibliothèques possèdent un recueil de poésies bien tristes, bien navrantes écrites par le roi François Ier, captif à Madrid. La langue n'en est pas pure, la versification incorrecte et obscure exprime des plaintes lamentables comme si la mort approchait (1) : quelques-unes de ces poésies sont adressées à Marguerite, sa sœur ; d'autres à une amie inconnue, est-ce à Diane de Poitiers, est-ce à madame de Châteaubriand ?

O triste départie
De mon tant regretté
Deuil ne sera osté
Qui mon cœur fait parlé
Sur moi laisse le fait
Je t'en supplie, amie,
Car mort j'aurai pour vie
Si autrement ne fait.

En vain, le Roi cherche-t-il à s'illusionner lui-même, à se donner un peu de repos et de tranquillité en consolant cette amie inconnue qui le réchauffe de son amour et de ses souvenirs. Le Roi lui conseille de se consoler, de vivre contente avec sa mémoire.

(1) Ces poésies et ces lettres ont été imprimées et publiées in-4° dans la *Collection de l'Histoire de France* ; elles sont difficiles à lire et à comprendre dans leurs incorrections.

> Vivant contente ayant la souvenance
> De mon amour sans nulle défiance,
> Car au monde, mon cœur te laisse et donne
> Après ma mort mon esprit te l'ordonne ;
> Les immortels tout entier m'ont demi,
> Témoin en est la main de ton ami.

Ainsi de tristes et fatales images dominent dans ces poésies ; François Ier parle de sa langueur, de sa mort, des souvenirs qui resteront après lui ; le Roi n'a plus son calme ni son courage ; cette main, qu'il offre à son amie, était bien flétrie, bien souffrante.

> La cire fond au feu sans peu d'attente,
> La fange aussi en chaleur véhémente.

La solitude du château de Madrid ne pouvait se peupler de ses amis, de ses compagnons d'armes, et quand, pour la seconde fois, Charles-Quint lui proposa de finir cette captivité par un traité, il y consentit enfin et demanda à sa mère et à sa sœur que des plénipotentiaires fussent envoyés à Madrid. On trouve dans le même recueil quelques lettres de Marguerite de Valois, et de Diane de Poitiers un peu graves et obscures ; je n'ai remarqué qu'une seule phrase d'un sentiment exalté dans une lettre de Diane de Poitiers : « La main dont tout le corps est votre » et François Ier lui répond : « Vous dites, amye, qu'à tout le moins vous croyez avoir un seul et affectionné amy, c'est vrai ; si je vous perdais je ne chercherais d'autre remède que de me perdre. » Il serait difficile de bien fixer la date précise de ces lettres, la plupart difficiles à comprendre et se ressentant pour le style de cette époque de transition entre le moyen-âge et les temps modernes: un mélange de latinisme et même de grécisisme (1).

La régente, profondément affectée de la situation d'esprit de François Ier, désigna enfin des plénipotentiaires pour discuter et arrêter les conditions définitives du traité : ces plénipotentiaires étaient Jean de Selves, premier président du parlement de Paris, Gabriel Gramont, évêque de Tarbes, et François de Tournon, évêque d'Embrun (2), tous esprits fort sérieux, très-aptes à discuter avec les membres du conseil de Castille. Le débat se prolongea tout l'automne de l'année 1525 ; Charles-Quint, qui ne parut jamais dans l'assemblée des plénipotentiaires, savait bien le caractère impatient, dé-

---

(1) Le collecteur de ce recueil aurait dû accompagner ces lettres de quelques annotations ; il s'en est presque toujours abstenu ce qui rend presque impossible la lecture des lettres de François Ier.

(2) Les deux évêques plénipotentiaires furent faits depuis cardinaux. 1530.

couragé, de François Ier et qu'à la fin, dans son désespoir, il accepterait les conditions du conseil de Castille. En effet, un traité fut signé à Madrid, le 15 janvier 1526, une des plus tristes nécessités du désastre de Pavie : le texte de ce traité a été recuelli officiellement (1) ; il est signé (pour l'Espagne) par Charles de Lannoy, vice-roi de Naples, et par don Hugues de Moncade ; et au nom de la France par les plénipotentiaires que j'ai déjà indiqués : le roi de France *rend et restitue* la duché de Bourgogne, ensemble le Charolais, la vicomté d'Auxonne dépendant de la Franche-Comté, et ladite restitution sera faite en six semaines : Il est convenu que le même jour et heure, que le roi de France sortira des terres d'Espagne, y entreront pour ôtages, les deux fils aînés dudit seigneur roi : à savoir, monseigneur le Dauphin et monseigneur le duc d'Orléans, ou le Dauphin seul avec le duc de Vendôme, messeigneurs d'Albanie, de Saint-Paul, de Guise, Lautrec, Laval de Bretagne, le marquis de Saluce, de Rieux, le grand sénéchal de Normandie, le maréchal de Montmorency, MM. de Brion et d'Au-

(1) Recueil de Traités, II, 112.

bigné au choix de la régente (1). Le roi, de plus, renonce à tous ses droits sur le royaume de Naples, les États de Milan, la ville de Gênes, aux comtés de Flandre et d'Artois ; il renonce encore à toutes ses prétentions sur la chatellenie et sur les châteaux de Péronne, Montdidier, comté de Boulogne, Guise et Ponthieu (2). Avec ces renonciations déjà si capitales, François Ier déclarait qu'il agirait de tout son pouvoir pour empêcher Henri d'Albret de prendre le titre de roi de Navarre, et que jamais il n'aiderait les ducs de Gueldre et de Wurtemberg dans leur guerre contre l'Empereur. Enfin, on arrivait à la condition difficile, douloureuse, à celle qui concernait le connétable de Bourbon : le traité était sur ce point fort curieux dans ses termes : « Comme à l'occasion de l'absence dudit connétable ont été saisis et confisqués, les duchés de Bourbonnais, Auvergne, Clermont en Beauvoisis, Forêt, Montpensier, la Marche haute et basse, Beaujolais, Rouanais, Annonay, baronnie de Mercœur, seigneurie de Marignane en Provence, pays de Dombes etc., toutes ces terres devaient être res-

(1) C'étaient les meilleurs hommes de guerre de François Ier, la fleur de la noblesse.

(2) La réunion de ces comtés avait été faite à la France sous le règne de Louis XI.

tituées au connétable de Bourbon dans les six semaines du traité avec une amnistie générale en faveur des amis du duc de Bourbon, parmi lesquels est spécialement désigné le comte de Saint-Vallier, le père même de Diane de Poitiers. (Ce qui dément tout à fait l'histoire scandaleuse de sa grâce.)

On pouvait toutefois remarquer à l'égard du connétable de Bourbon qu'il ne s'agissait plus de lui créer un royaume indépendant ou souveraineté particulière (1), mais de lui restituer de simples biens confisqués par la couronne de France. L'Empereur avait beaucoup plus promis au connétable qu'il ne tenait ; mais à la première époque de la guerre, il avait besoin de l'épée du duc de Bourbon, et depuis la bataille de Pavie, l'Empereur se croyait maître absolu de la position politique, et l'épée du connétable ne lui était plus indispensable. Désormais il lui fallait des serviteurs, plutôt que des alliés (2) et il le faisait sentir au duc de Bourbon en modifiant les conditions du traité.

---

(1) L'engagement en avait été pris lors de la défection du connétable par Charles-Quint qui l'oubliait dans le traité de Madrid.

(2) Le connétable de Bourbon avait alors quitté l'Espagne, il se trouvait dans le Milanais.

Afin de colorer la violence par une pensée religieuse, Charles-Quint demanda à François Ier de le seconder de toute sa flotte dans l'expédition qu'il méditait contre les Turcs, dont les forces menaçaient l'Italie : « Car, par cette paix particulière, l'intention du seigneur Empereur et Roi très-chrétien est de se liguer dans une entreprise contre le Turc et autres infidèles et hérétiques de notre sainte mère l'Église. » De cette manière l'Empereur impunément pouvait se montrer inflexible, rigoureux ; car l'alliance qu'il formait avec le roi de France, le traité qu'il lui imposait, n'avait qu'un but : grouper et réunir les forces de la chrétienté contre les infidèles et les hérétiques (1), et faire cesser les guerres particulières.

Le texte public du traité ne faisait aucune mention d'un subside d'argent, mais par des articles secrets il était dit « : Que la rançon de la personne du Roi serait fixée à deux millions d'écus d'or. Dans le droit public de l'Europe au moyen-âge, tout captif devait sa rançon ; en outre, le roi de France s'engageait à payer au

---

(1) Pour rendre cette alliance encore plus intime, François Ier, veuf de la reine Claude, s'obligeait à épouser Éléonore de Portugal, veuve aussi et sœur de Charles-Quint, et le Dauphin, Marie, Infante du Portugal (Articles 15 à 19 du traité)

roi d'Angleterre les 500 mille écus d'or que l'Empereur avait empruntés audit roi, afin de compenser les dépenses que l'expédition de François Ier, en Italie, avait occasionnées au trésor de Castille. Il n'existe pas dans les archives historiques, d'acte plus minutieusement rédigé que le traité de Madrid ; il y respire l'esprit des universités espagnoles, ce mélange de science et d'habileté qui les caractérisait. C'était la grande époque des Castilles ; Charles-Quint commandait aux deux mondes, il aspirait à la monarchie universelle ; mais ces sortes de projets trop vastes ont toujours un côté faible ; ils périssent par l'imprévu.

XVI

DÉLIVRANCE DU ROI. — SON AMOUR POUR MADEMOISELLE D'HEILLY, CRÉÉE DUCHESSE D'ÉTAMPES.— DISGRACE DE MADAME DE CHATEAUBRIAND.

1526.

Dès que le traité eut été signé à Madrid, quelque fatal qu'il pût être dans ses conditions, tout s'embellit autour du Roi ; tout prit un sourire et une gaîté pour lui incomparable, car il allait revoir la France. Charles-Quint, jusque-là si renfermé en lui-même, si peu expansif de sa nature, vint joyeusement visiter celui qu'il traitait naguère gravement, tristement, comme un prisonnier d'État. Les deux princes se montrèrent dans les rues de Madrid, en se donnant les témoignages d'une mutuelle confiance.

Toutefois, l'Empereur n'avait pas une foi absolue dans la fidèle exécution du traité ; châtiment de tous ceux qui imposent des conditions trop dures dans la victoire ; un prince, une nation ne s'abaissent pas longtemps devant les abus de la force : de son côté François 1er avait quelque crainte que Charles-Quint ne lui rendît pas cette liberté tant désirée, après une captivité qui lui pesait si durement. Aussi la joie fut indicible de part et d'autre, lorsqu'on apprit que la duchesse d'Angoulême, la reine-mère, était arrivée à Bayonne avec les princes, ses petits-enfants, destinés comme ôtages. Aussitôt François Ier quitta Madrid(1), accompagné d'une escorte d'honneur et de surveillance, chargée de l'entourer jusqu'à la Bidassoa. Les historiens espagnols (2) disent que Charles-Quint vint avec le roi jusqu'à Vittoria, et que sur la route, plein de crainte sur la fidèle exécution du traité, l'Empereur lui dit : « Mon frère, vous voilà libre maintenant; jusqu'ici nous n'avons traité qu'en roi, agissons aujourd'hui en gentilshommes; me promettez-vous d'exécuter toutes vos promesses ? répondez avec franchise. » François Ier s'y engagea solennellement et prit à témoin les croix qui bordaient la route, selon la coutume espagnole. Ces précautions, ces craintes n'étaient pas tout à fait imaginaires, et ce qui se passait à Paris pouvait les justifier.

---

(1) 18 mars 1526. Comparez Sleidanus, Comment., lib. vi et Belcarius, livre xviii.
(2) Ant. de Vera. Hist. Carl. V.

8.

Dès que le parlement avait eu connaissance du traité de Madrid, il avait examiné en secret une question de haute jurisprudence : Un traité signé par un roi captif, sans liberté d'action et de volonté, était-il obligatoire dans le droit public (1) ? Ces délibérations qui n'avaient reçu aucune publicité, étaient pressenties par l'empereur Charles-Quint, et la cour de madame d'Angoulême était partie de Paris dans la conviction que tôt ou tard le traité serait déclaré nul. Dans cet itinéraire vers la Bidassoa, à travers toute la France, il se manifestait quelque chose de triste et d'affligé autour du royal cortége; on voyait deux jeunes princes, dont l'aîné avait à peine dix ans, s'acheminant vers la captivité, livrés en ôtage aux étrangers, aux ennemis, comme au temps des croisades de Philippe-Auguste et de saint Louis.

La duchesse d'Angoulême, attentive à tout ce qui pouvait distraire son fils bien-aimé et lui rappeler la France, avait conduit avec elle (2) une charmante cour de dames et de demoiselles qui

---

(1) Quoique le premier président de Selves eût été un des signataires du traité, le Procureur Général avait fait des réquisitoires contre le traité, 15 février 1526.

(2) La duchesse d'Angoulême s'arrêta à Bayonne (10 mars 1526).

devaient assister aux fiançailles de François Ier avec la sœur de Charles-Quint, la reine de Portugal, une des conditions du traité. « Il ne pouvait y avoir de noces sans ballet, et de fêtes sans dames. » Éléonore de Portugal avait ce caractère triste et compassé des princesses de la maison d'Autriche qui commençaient leur vie dans les couvents, et la finissaient dans des palais plus tristes encore. Le roi venait d'assister à une cruelle séparation sur la Bidassoa; ses deux enfants aimés étaient remis aux commissaires espagnols (1) au moment où le Roi traversait la rivière à cheval; libre enfin, et heureux de se trouver sur les terres de France, il avait fait d'une seule course le trajet de Fontarabie jusqu'à Bayonne, où la cour de madame d'Angoulême, sa mère, était arrivée apportant les joies et les plaisirs de la paix.

Parmi les filles qui accompagnaient madame d'Angoulême, il en était une distinguée entre toutes par sa vivacité, sa jeunesse et sa grâce particulière; on la nommait Anne de Pisseleu

(1) Les commissaires espagnols pour l'échange étaient de Lannoy, vice-roi de Naples et le capitaine d'Alarcon; le commissaire français qui accompagnait les princes était le maréchal de Lautrec. L'échange se fit au milieu de la rivière dans des barques. Belcarius, liv. XVIII.

ou mademoiselle d'Heilly, fille d'Antoine, seigneur de Meudon, née en 1508 ; elle avait donc dix-huit ans lors du voyage de Bayonne (1), ses traits ont été conservés par deux œuvres immortelles; le Primatice a reproduit Anne de Pisseleu par la peinture, et Jean Goujon a ciselé son buste ; elle n'était pas précisément jolie, un front trop avancé pour être intelligent, les yeux d'un bleu opaque, sans grande expression, un nez long, une charmante bouche un peu effacée par la proéminence des joues jeunes et rebondies (2), mais, par dessus tout, un grand éclat de fraîcheur comme ces jeunes filles gracieuses et robustes, élevées dans les châteaux du moyen-âge avec la vie active de la chasse, à cheval, un pieu à la main, un faucon sur le poing (3). Telle était mademoiselle d'Heilly, lorsqu'elle fut présentée au roi François Ier, au retour de sa captivité de Madrid. Le Roi, alors dans la maturité de l'âge, impétueux encore

---

(1) 1526. Elle était demoiselle d'honneur de la reine-mère.

(2) Il a été fait bien des portraits de fantaisie de la duchesse d'Étampes. (Voyez la collection des gravures, bibliothèque impériale.)

(3) Sur la chasse au faucon, lisez toujours le charmant et admirable ouvrage de Ste-Palaye sur la chevalerie et la chasse. T. II. Ste-Palaye entre dans les plus précieux détails sur la vie des chasseurs au moyen-âge. J'ai également décrit les distractions de la féodalité dans mon *Philippe-Auguste*.

dans ses sentiments, s'éprit d'une folle passion pour mademoiselle d'Heilly, de manière à tout oublier pour elle, à effacer les durs sacrifices du traité de Madrid, sacrifices immenses même dans la famille de François Ier : n'imposait-il pas une triste séparation? Il paraissait cruel à tous de voir s'éloigner comme ôtages les enfants du roi, si jeunes, si beaux, et tout en pleurs de quitter la cour de France. Ces deux enfants, le premier, François, dauphin de France, alors à dix ans, l'autre à huit ans, du nom de Henri, duc d'Orléans, d'une figure charmante (1), tous deux, on les livrait au roi d'Espagne, sans savoir la destinée qui leur serait réservée, car dans la pensée du conseil et du parlement, le traité de Madrid, contracté sans volonté libre, par un roi captif, était nul dans le fond et la forme ; ce traité, on ne voulait donc pas l'exécuter? En ce cas, quelle résolution prendrait Charles-Quint dans sa colère contre les jeunes et royaux ôtages qu'on mettait dans ses mains? Le conseil de Castille était inflexible comme tous les pouvoirs absolus qui ont le sentiment de leur droit et de leur préro-

---

(2) Ce fut ensuite le roi Henri II. Le maréchal Anne de Montmorency accompagnait les enfants de France à Madrid.

gative; les mœurs des Espagnes tenaient un peu aux habitudes d'une sévérité austère, impitoyable, contractée dans les guerres avec les Arabes; on pouvait donc être justement inquiet sur le sort qui serait réservé aux enfants de France, le jour où le parlement déclarerait publiquement nul le traité de Madrid.

Et cependant le roi François Ier, oubliant tout ce qu'il y avait de triste, de fatal dans cette situation, ne semblait préoccupé que de son fol amour pour mademoiselle d'Heilly, amour si public, si brusque, si impétueux, qu'il entraîna une rupture avec madame de Châteaubriand; on parla plus tard avec mystère, de tout un drame qui suivit cette rupture (1) : On dit que Jean de Laval-Montmorency, sire de Châteaubriand, avait attendu la disgrâce de sa femme, pour la renfermer dans une chambre tendue de noir en un de ses vieux manoirs de Bretagne, et qu'après quelques jours de repentir et de deuil, il lui fit ouvrir les veines. Sauval, l'historien anecdotique de la ville de Paris,

---

(1) Beaucoup de romans ont été écrits sur la comtesse de Châteaubriand. Lescouvel l'a racontée dans son *Histoire amoureuse de François Ier*. Un anonyme a publié l'*Histoire tragique de la comtesse de Châteaubriand*. Amsterdam 1675, in-12, Comparez Bayle, Moreri, *Dict. hist.* qui se perdent en conectures.

affirme que le sire de Châteaubriand tua sa femme pour se livrer à de nouvelles amours. La légende veut même qu'il ait servi de type au populaire conte de Barbe-Bleue, recueilli par Perrault sur les légendes du moyen-âge.

Des témoignages incontestables refutent toutes ces absurdités. Madame de Châteaubriand parut encore à la cour après la faveur de mademoiselle d'Heilly : il existe dans le recueil des lettres de François Ier, une réponse de madame de Châteaubriand, pour remercier le roi d'une riche broderie qu'il lui envoyait (1). Brantôme donne quelques détails sur les accidents de cette rupture. Le Roi ayant fait demander à madame de Châteaubriand les joyaux qu'il lui avait donnés, sur lesquels on lisait quelques devises amoureuses composées par la reine de Navarre, madame de Châteaubriand eut le temps de faire fondre ces bijoux, et répondit au gentilhomme messager, en lui remettant des lingots : « Portez cela au roi, et dites lui que, puisqu'il lui a plu me révoquer ce qu'il m'a donné si libéralement, je le lui renvoie en lingots ; quant aux devises, je les ai si bien empreintes et colloquées en ma mémoire, et les y

(1) Recueil in-4° déjà cité.

tient si chères, que je n'ai pas souffert que personne en disposât, en jouît et en eût de plaisir que moi-même (1). »

Madame de Châteaubriand, loin de mourir de mort violente et jalouse, ne trépassa que longtemps après, et Clément Marot écrivit même son épitaphe en vers d'une haute pensée philosophique :

> Sous ce tombeau où gît Françoise de Foix
> De qui tout bien, chacun soulait dire
> Et le disant, onc une seule voix
> Ne s'avança de vouloir contredire.
> De grand' beauté, de grâce qui attire
> De bon savoir, d'intelligence prompte,
> De biens, d'honneur et mieux qu'on ne racompte
> Dieu esternel richement l'estoffa.
> O Viateur pour t'abréger le compte.
> Ci-gist un rien là où tout triompha (2).

Cette haute réflexion de philosophie si bien exprimée par le poëte, n'indique ni mort soudaine, ni violente. Madame de Châteaubriand vivait retirée de la cour pendant la faveur de mademoiselle d'Heilly, créée par lettres-patentes, duchesse d'Estampes ; celle-ci, qui jouissait alors de toute la puissance royale, se

---

(1) Brantôme, *Mme de Châteaubriand.*
(2) Poésie de Marot, lib III.

faisait la protectrice des savants, des érudits de toute cette école demi-huguenote qui bourdonnait autour du Roi : elle donna asile à Rabelais dans les terres de son père, seigneur de Meudon (1), et Rabelais fut nommé curé de la paroisse où il écrivait ses étranges et fastidieuses bouffonneries.

Aussi n'est-il sorte de flatterie que les poëtes n'adressent à la duchesse d'Étampes, et Marot en tête lui prodigue l'encens à pleines mains. Mademoiselle d'Heilly, duchesse d'Étampes, un peu fatiguée d'un long voyage, avait perdu de sa fraîcheur, Marot lui adresse ce petit rondeau flatteur :

> Vous reprendrez, je l'affirme
> Par la vie,
> Ce teint que vous a osté
> La déesse Beauté
> Par envie (2).

Quand tout l'encens des poëtes, des érudits s'élevait au pied de la duchesse d'Étampes, pour l'entraîner aux opinions nouvelles, Diane de Poitiers se rattachait de plus en plus au parti

---

(1) Le cardinal du Bellay avait donné à Rabelais une prébende dans l'église collégiale de Saint-Mandé-les-Fossés.
(2) Œuvres de Marot, lib. III.

des Guises, aux fervents catholiques que menaçait l'élévation de la duchesse d'Étampes, favorable aux opinions de Calvin. C'est par ordre de la duchesse que Calvin traduisait les psaumes ; c'est par son intermédiaire qu'il adressait au Roi des dédicaces, et afin de servir ses penchants, le Roi fit épouser à la duchesse, un gentilhomme très-enclin aux idées de la réformation, Jean de Brosses (1) ; néanmoins mademoiselle d'Heilly garda le titre et le nom qu'elle devait au roi, celui de duchesse d'Étampes, avec cinquante mille livres de pension. Diane de Poitiers n'eut besoin d'aucune influence pour rentrer dans le patrimoine de son père, le comte de Saint-Vallier, que lui restituait une des stipulations du traité de Madrid. La duchesse d'Étampes, fière de sa jeunesse, bravait avec une certaine hauteur Diane de Potiers, alors appelée madame la grande sénéchale, et qu'une fortune singulière attendait plus tard avec le règne du dauphin, depuis Henri II.

(1) Jean de Brosses appartenait à une famille bretonne, dont les biens avaient été confisqués sous Louis XI.

XVII

LE CONNÉTABLE DE BOURBON EN ITALIE. — SAC DE ROME PAR LES HUGUENOTS. — CALVIN ET LA DUCHESSE D'ÉTAMPES.

1526—1527.

Aucune popularité ne fut comparable à celle du connétable de Bourbon parmi les gens d'armes, les aventureux de toutes nations et les soldats de tous camps, malgré le discrédit qu'on avait voulu jeter sur sa personne par sa défection : la gloire qu'il avait acquise à Pavie n'était pas la seule cause de cette popularité, il la devait encore à ce caractère hardi, batailleur, un peu sans foi ni loi, qui plaisait tant aux soudards et compagnons de guerre au moyen-âge : les Espagnols eux-mêmes chantaient sous la tente le connétable de Bourdon :

Calla, calla, Julio Cesar, Annibal, Scipion,
Viva la fama de Borbon (1).

La chanson des gens d'armes sur le duc de

---

(1) « Ne parlez plus de César, d'Annibal, de Scipion,
Vive la renommée de Bourbon. »

Bourbon retentissait dans les batailles, comme celle de Rolland parmi les preux :

> Louange à Dieu qui donne la victoire
> Belle à César (1) par le duc de Bourbon ;
> Noble Bourbon, puis mil ans telle gloire
> Ne acquit quelqu'un que ton bruit et renom
> Par tel façon a érigé ton nom
> A toujours, mais, n'est besoin en douter,
> Tu as dompté superbe nation
> Qui prétendait le monde surmonter (2).

Ce chant faisait allusion à la bataille de Pavie et à la gloire que le duc de Bourbon y avait acquise ; on put bien faire des légendes en France sur les dédains dont le connétable fut entouré en Espagne : nul grand de Castille ne lui tourna le dos, nul ne brûla sa maison après que le connétable l'avait habitée ; nobles fables pour réchauffer le dévoûment des gentilshommes au roi de France. La renommée de Bourbon pouvait inspirer jalousie, jamais un tel dédain ; sa place, au reste, était au milieu des reîtres et des lansquenets que lui amenait d'Allemagne, Fronsberg, plus mécréant encore que Bourbon, et à son côté le prince d'Orange, tout épris de la gloire des aventuriers.

(1) Charles-Quint.
(2) Pièce conservée à la Bibliothèque de l'Arsenal, et publiée dans le *Bulletin des Bibliophiles*, 1853-1858, p. 732.

A la tête de cette armée moitié allemande et flamande, moitié aragonaise, le corps espagnol surtout était mécontent, car il n'était pas payé ; les soldats disaient dans leur rodomontades : *que si no les pagavan, revolverian todo el mondo : y por mostrar en la obro sus intenciones sacquevavan y robovan todo* (1). Le connétable, avec une merveilleuse activité pour les satisfaire, faisait des emprunts, imposait les populations et mettait ainsi au courant leur solde. Il leur promettait surtout le pillage de l'Italie : de belles villes à dépouiller, les trésors des églises, les sous d'or de la bourgeoise commerçante (2) : « et tous ces braves gens comme dit Brantôme en étaient ravis de joie : » Si les Espagnols pouvaient se faire quelques scrupules sur une expédition contre le pape et les églises, il n'en était pas ainsi des reîtres et des lansquenets qui pratiquaient les enseignements de Luther. La réformation en Allemagne était restée bien peu de temps dans l'état de simple

---

(1) « Que si on ne les payait, ils retourneraient tout le monde, et pour montrer leur intention par leurs œuvres, ils saccageaient et volaient tout. »

(2) Brantôme, dans l'article *M. de Bourbon*, est fort curieux à consulter : La *Vie des grands Capitaines*, t. 1er. Ou les mœurs militaires de cette époque étaient étranges et sans merci, ou bien Brantôme n'a pas le sens moral.

doctrine ; elle s'était transformée en agitation et en guerre violente. C'est le côté par lequel on n'a pas assez étudié la réformation, quand on veut s'expliquer les mesures sévères qui furent prises pour la contenir et la réprimer. Le premier droit d'un gouvernement et d'une société est de se défendre, et le luthéranisme jetait au milieu du monde la guerre sociale des paysans et des grandes compagnies glorieusement comprimés par les Guises.

Le sentiment le plus profond, le plus vivace, j'ai presque dit le plus brute, au cœur des reîtres, c'était la haine contre le pape et Rome ; cette haine, Luther l'avait suscitée avec une telle persévérance et une telle rudesse (1) qu'elle était passée dans le corps et dans les os de tous ces soldats de la réformation, parmi les féodaux surtout qui considéraient les abbayes et les terres monacales comme une proie facile offerte à leur avidité : la guerre éternelle entre la force matérielle et la puissance morale se renouvelait avec une nouvelle énergie au XVIe siècle.

Le type de ces féodaux était toujours Fronsberg, le baron de la Souabe, qui avait franchement accepté la supériorité militaire du connétable.

(1) Voyez mon travail sur *la Réforme et la Ligue*, t. II.

Tout glorieux de son passé, Bourbon promettait à toutes ces bandes noires et grises le sac de Rome, la chute du pape, la dispersion des cardinaux ; il s'engageait à donner à chaque chef de bons établissements en Italie. L'occasion était toute trouvée ; Charles-Quint lui-même avait des griefs contre le pape, car avec cette inconstance qui le caractérise, le peuple italien était passé d'un système à un autre ; l'Italie devait son indépendance à l'Empereur et par son épée elle s'était délivrée des Français et des Suisses ; mais cette épée protectrice, l'Italie capricieuse voulait la briser pour agir et s'organiser seule, ce qui fut toujours sa pensée, d'autres diraient son rêve.

Les Vénitiens, le pape, les Florentins, en concluant une alliance bien fragile contre Charles-Quint, mettaient sur pied une armée *de la Ligue italienne* (1). C'était aussi la prétention de ces souverainetés de s'armer entre elles pour un but commun qu'elles ne pouvaient atteindre, l'esprit d'unité leur manquant. Ils voulaient former une armée italienne, se grouper par des ligues nationales ; presque aussitôt la faiblesse

(1) Guicchardin, liv. xvi et xvii. L'historien Guicchardin commandait comme capitaine dans l'armée de la *Ligue italienne*, dont cependant il reconnait la faiblesse.

des moyens, la division des chefs amenaient la dissolution de cette armée.

Cette ligue italienne, le connétable s'était chargé de la combattre et de la vaincre; à cet effet, il avait lancé ses Allemands et ses Espagnols sur le centre même de l'Italie; ses lieutenants, Fronsberg (1) et le prince d'Orange (2), tous deux braves aventuriers, le secondaient de tous leurs moyens : La ligue italienne fut bientôt dispersée; le connétable et ses deux lieutenants envahirent les légations romaines, Ferrare se rendit aux lansquenets. Là, mourut le gros capitaine Fronsberg dans une orgie huguenote, en avalant une grande coupe de vin dans un calice : c'était pourtant un rude homme, à la taille haute, aux larges épaules, à la figure épaisse et enluminée; nul ne connaissait mieux le langage de guerre qui convenait à ses soudarts; le connétable donna de grands regrets à Fronsberg; puis il dit aux lansquenets, « ne suis-je pas un pauvre sire comme lui, sans bien ni terre, et ne me faut-il pas gagner ville et état. » ?

(1) La vie du capitaine Fronsberg a été publiée en latin, par Adam Reissner, Francfort, 1568, in-f°, et traduite en allemand, 1595, in-f° ; le capitaine laissa un fils, Gaspard Fronsberg, qui fut aussi chef d'un corps de lansquenets.

(2) Brantôme a consacré un article au *prince d'Orange*.

Rome se levait devant les aventuriers avec ses richesses infinies : il y avait alors une opinion répandue, c'est que Rome avait hérité des trésors du vieux monde, opinion qu'on voit se répandre dès le ve siècle chez les Goths, les Vandales et après la chute de Constantinople, ces richesses avaient dû s'accroître. On disait que des tonnes d'or étaient enfouies dans les caveaux des basiliques ; tout était riche à Rome : reliquaires, vases sacrés, chandeliers, ornements des autels, chappes et tiares ; les mécréants se faisaient joie de ces profanations, et ils saluèrent Rome de leur chant de guerre, de leurs clameurs de victoire (1).

Presqu'aussitôt, l'assaut fut donné par les deux côtés des vastes murailles, qui s'étendaient sur un espace de près de cinq lieues, assaut terrible, bravement soutenu et fortement accompli. Un coup d'arquebuse frappa le connétable en pleine poitrine, et il tomba, blessé à mort. S'il faut en croire l'artiste un peu hableur, Benvenuto Cellini, (2) ce fut lui qui lança ce grand coup : il ne faut pas en vouloir aux artistes fantasques de ces petits mensonges, de ces van-

---

(1) « Laissez faire, compagnons, je vous mène en un lieu où vous serez tous riches. » (Paroles du Connétable.)
(2) *Mémoires de Benvenuto Cellini*, liv. III.

teries fréquentes ; leur imagination travaille ardemment ; elle charpente avec naïveté un roman dont ils se croient les héros et qui devient pour eux de bonne foi, la vérité absolue. La mort glorieuse du connétable de Bourbon fit une impression profonde de tristesse et de colère parmi les bandes d'aventuriers ; en langue espagnole ou allemande ils poussaient ces cris sauvages : « Il faut venger Bourbon par la chair et le sang » (1).

Un chant de geste et de guerre demeura longtemps parmi les aventuriers, en souvenir de la mort du connétable, leur chef bien-aimé.

>Quand le bon prince d'Orange
>Vist Bourbon qui était mort,
>Criant : Saint Nicolas!
>Il est mort, saincte Barbe!
>Jamais plus ne dist mot,
>A Dieu rendit son ame.
>Sonnez, sonnez, trompette.
>Sonnez tous à l'assaut,
>Approchez vos engins,
>Abbattez les murailles
>Tous les biens des Romains
>Je vous donne au pillage (2).

---

(1) *Carne ! carne ! Sangre ! sangre ! Cierra ! cierra ! Bourbon ! Bourbon !* Ils ajoutaient ces mots sauvages dans leur mauvais idiome d'espagnol-flamaud : *Hasta a non hartaze* : Il faut tuer sans être jamais rassasiés.

(2) Ce chant a été conservé dans la *Collection Fontanieu.*

Cet ordre fut cruellement exécuté. La description que fait Brantôme du sac de Rome par les lansquenets et les volontaires espagnols, soulève de tristes réflexions sur les mœurs des gens de guerre de cette époque, que plus tard Callot a dessinés. Il y a sans doute un peu d'exagération dans le récit du sire de Bourdeille qui n'était pas témoin oculaire des faits qu'il raconte par ouï dire : Brantôme n'était pas au siége de Rome ; mais il avait écouté, entendu ce récit de la bouche même de quelques-uns de ces soudards, compagnons d'armes de sa jeunesse ; le souvenir en était resté en sa mémoire : « Rome vaincue, dit Brantôme, ils se mirent à tuer, desrober, tuer et violer femmes sans tenir aucun respect ni à l'âge ni à dignité, sans respecter les saintes reliques des temples, ni les vierges, ni les moniales, jusques là que leur cruauté ne s'estendit pas seulement sur les personnes, mais encore sur les marbres et antiques statues : les lansquenets qui étaient imbus de la nouvelle religion, s'habillaient en cardinaux, en evêsques en leurs habits pontificaux et se promenaient ainsi parmi la ville, au lieu d'es-

---

Le prince d'Orange dont il est tant parlé par Brantôme, était Philibert de Chalons, né en 1502 ; il mourut au siége de Florence, en 1530.

taffier, fesaient ainsi marcher ces pauvres éclesiastiques, à côté ou en devant en habits de laquais, les uns les assommaient de coups, les autres se contentaient de leur donner des horions, les autres se moquaient d'eux et en tiraient des risées en les habillant en bouffons et maltassins ; les uns leur levaient les queues de leur chappes en fesant leur procession par la ville et disant les litanies ; bref ce fut un vilain scandale. »

Brantôme ajoute comme un souvenir : « Les huguenots en nos guerres en ont bien fait autant et mesme à la prise de Cahors, car, tant que dura leur séjour, les palefreniers tous les matins et soirs qui allaient abreuver leurs chevaux, s'habillaient de chapes des églises qu'ils avaient prises et montés sur leurs chevaux, allaient en l'abreuvoir et entournaient ainsi vestus en chantant les litanies et un qui avait trouvé la mitre allait derrière fesant l'office de l'évêque. (1) » Je rapporte ce passage de Brantôme, pour expliquer et justifier les réactions populaires contre les calvinistes.

Il serait impossible de suivre plus loin les récits trop naïfs du sire de Bourdeille, dans la description du sac de Rome par les lansquenets

---

(1) Brantôme, *Grands Capitaines*, article *M. de Bourbon.*

et les compagnies d'aventuriers espagnols ; Brantôme ne s'épargne pas la licence des tableaux et la franchise des expressions. L'opinion qu'il a des dames romaines (comtesses, marquises, baronesses), est un peu conforme à sa manière de conter les galanteries des dames à la cour de Henri II et de Charles IX. Il faut prendre Brantôme comme un charmant hâbleur, une espèce de Boccace français qui lance un peu au hasard des noms propres à côté des récits de galanterie souvent inventés ; il les conte si bien, avec tant de naturel, qu'on ne distingue pas ses imaginations de la vérité, et qu'on se laisse doucement bercer par ses agréables aventures.

Pendant le sac de Rome, la dévastation des basiliques, le saccagement de la tombe des Apôtres (1), par les reitres plus cruels que les Huns et les Alains, le pape et les cardinaux s'étaient réfugiés au château Saint-Ange, où ils subirent un siége régulier ; du haut de cette vaste tour (le Môle d'Adrien), ils purent contempler ces processions moqueuses, dans lesquelles les Huguenots, montés sur des ânes, transportaient

---

(1) Aussi les soldats espagnols, qui ne conservaient rien de toutes ces richesses, disaient que : *el diablo les avia dado el diablo les avia il cvado*

les reliques et même le pain consacré. Les prédications de Luther avaient préparé ces excès de la soldatesque allemande.

L'empereur Charles-Quint, tout en désavouant le sac de Rome, n'en faisait pas moins assiéger le souverain pontife dans le château Saint-Ange, et le forçait à se rendre prisonnier en l'environnant de respect, et en s'agenouillant devant lui; l'empereur aimait les grands captifs. Il mêlait un respect affecté à sa politique d'invasion et de conquête; c'était sa seule hypocrisie.

Pour rester juste et impartial, il faut dire que les opinions de la Réforme s'étaient produites, en majorité jusqu'ici en France, dans des conditions plus calmes, plus modérées que les jacqueries luthériennes de l'Allemagne. Ces opinions purent mériter la protection de mademoiselle d'Heilly (la duchesse d'Étampes), comme elles avaient trouvé des partisans dans les classes scientifiques et universitaires. Le calvinisme, quoique plus hardi, plus dessiné comme doctrine, avait quelque chose de plus doux dans la parole et dans l'expression. Calvin, né à Noyon, loin de lutter contre la puissance royale, s'adressait à elle dans les formes les plus obséquieuses, pour demander sa protection; il dédiait à François Ier ses livres et ses œuvres (1). Calvin avait pour protectrice avouée Marguerite de Valois (depuis duchesse d'Alençon); cette tendre sœur du roi, puis madame Marie de France, duchesse de Ferrare (2) et enfin la duchesse d'Étampes, toute puissante à la cour de François Ier.

Ce fut sur les instances de la maîtresse bien-aimée de François Ier, que Clément Marot traduisit les psaumes en français, que le soir on récitait dans le Pré-au-Clerc, ce beau rendez-vous de la cour (3). Qu'on se représente au delà de la Seine, les prés fleuris en face du Louvre, ombragés de grands arbres et s'étendant jusqu'au village de Grenelle. L'université avait là ses jardins, ses allées, ses vergers en espaliers, sa fruiterie, et ses beaux treillis de vigne. Le soir, le Pré-au-Clerc retentissait d'une douce musique qui accompagnait les psaumes de David : chacun y mettait son air favori, et la popularité de l'œuvre de Marot fût si grande, que le roi en accepta enfin la dédicace :

(1) Le livre capital de Calvin, *L'Institution chrétienne,* est dédié à François Ier.

(2) Sœur de Louis XII.

(3) Les catholiques attaquant ces psaumes en vers, les appelaient des *chansons.* Voyez le petit livre : *Contrepoison des cinquante-deux chansons de Clément Marot, faussement intitulées par lui Psaumes de David,* Paris, 1560.

> Puisque voulez que je poursuive, ô Sire,
> L'œuvre royale du psautier commencé,
> Et que tous ceux aimant Dieu le désire,
> D'y besogner m'y tient tout disposé ;
> S'en sente donc qui voudra offensé ;
> Car ceux à qui un tel bien ne peut plaire
> Doivent penser, si jà ne l'ont pensé,
> Qu'en vous plaisant me plaît de leur déplaire (1).

Ainsi le Roi lui-même commandait cette traduction des psaumes que l'Église condamnait : ce fut par la duchesse d'Étampes, que Clément Marot obtint toutes les grâces de la cour ; esprit fantasque, exigeant, tapageur, plus d'une fois le poëte avait eu des démêlés avec la justice ; ses vers sur le Châtelet le constatent.

Les ennemis, que Marot dénonçait dans ses jeux de mots versifiés, étaient les catholiques ardents, les docteurs de la Sorbonne, les magistrats des cours de justice qui maintenaient les principes de la vieille société. Ce parti avait pour expression Diane de Poitiers, unie intimement aux Guise, la rivale de la duchesse d'Étampes, esprit politique qui voulait défendre les

---

(1) La traduction des psaumes de David par Clément Marot, complétée par Théodore de Bèze, fut le texte chanté dans les églises calvinistes pendant le XVIe siècle ; Conrard en a donné une version plus moderne, que plusieurs églises calvinistes chantent encore aujourd'hui.

lois antiques de la chevalerie et de la société du moyen-âge.

On était, en effet, à une époque de transition scientifique; le moyen-âge s'affaiblissait, l'esprit de la chevalerie était son dernier souffle jeté sur le siècle de François Ier : son guerre civile, les dissentions universitaires allaient se substituer aux belles joutes et aux tournois ; et la preuve que ce vieil esprit s'en allait, ce fut la façon presque ridicule, dont se termina le grand cartel envoyé par Charles-Quint à François Ier !

XVIII

CARTEL DE CHARLES-QUINT A FRANÇOIS Ier.

1526 — 1527.

Un des épisodes les plus étranges dans l'histoire sérieuse, ce fut de voir le grave et politique Charles-Quint, oubliant les lois générales de son système habituellement plein de calme et de réflexion (comme l'esprit monacal de l'Espagne), pour se jeter dans les aventures d'un cartel de chevalerie. Le sang des ducs de Bourgogne lui était-il monté au cerveau ? la colère d'avoir été trompé, joué par François Ier, lui faisait-elle oublier les lois de la prudence générale ? Vainqueur partout au moyen de ses armées, comment se jetait-il en chevalier errant dans les hasards d'un combat singulier ? C'est que lorsqu'une forte déception arrive, lorsqu'on a travaillé à l'accomplissement d'un système et que le but échappe, on ne raisonne plus, on agit avec sa colère et non point avec la réflexion. L'Empereur venait d'apprendre que le parlement de Paris avait déclaré nul l'acte scellé des armes royales de France, en vertu de ce principe du droit romain, qui exigeait la liberté, la spontanéité dans tous les actes légaux de la vie de l'homme; or, François Ier captif n'avait pu agir librement (1).

L'Empereur considérait cette façon de raisonner comme une grande déloyauté. Ce n'était pas le roi de France qui avait négocié et préparé le traité, mais des plénipotentiaires librement choisis par lui; il n'avait fait que ratifier leur œuvre discutée, réfléchie; et, d'ailleurs, n'avait-il pas engagé sa parole de gentilhomme et de chevalier, d'exécuter fidèlement les clauses du traité de Madrid? Cheminant tout à côté de l'Empereur depuis Burgos jusqu'à la Bidassoa, François Ier n'avait-il pas pris à témoin l'image de la croix, et ne se parjurait-il pas comme un félon en oubliant cette promesse? Comme il avait manqué à sa foi de chevalier, Charles-Quint le provoquait en cartel. Peut-être aussi, par un de ces caprices qui arrivent quelquefois aux esprits

---

(1) Le Roi vint tenir un lit de justice au parlement, le 12 décembre 1527. Le traité de Madrid fut solennellement déclaré nul (Mss de Colbert, *Pièces sur le Parlement*, t. 1er.). Antonio de Vera, *Histoire de Charles-Quint*, juge très-sévèrement cet arrêt et la conduite de François Ier.

politiques, Charles-Quint voulait-il se jeter dans les aventures pour montrer son courage personnel et enlever à son rival, l'autorité et le prestige de roi chevalier.

Après la signature du traité de Madrid, François Ier avait envoyé pour le représenter auprès de Charles-Quint un ambassadeur ; c'était un chevalier très en avant dans la confiance de la duchesse d'Angoulême, Henri de Calvimont, et plusieurs fois en sa présence, l'Empereur s'était exprimé en paroles aigres et colères sur la conduite du roi de France, jusqu'à la provocation. Les instructions de l'ambassadeur lui recommandaient beaucoup de calme, la nécessité de prolonger et d'attendre : en ce moment, François Ier négociait avec le roi d'Angleterre, et l'on était à la veille de la signature d'un traité offensif et défensif. Le traité avait pour but de forcer Charles-Quint à rendre les deux jeunes princes, fils de François Ier, moyennant une juste rançon, ce qui était dans le droit chrétien.

Le pape invitait tous les peuples à une croisade, et il fallait pour cela un durable système de conciliation (1).

---

(1) Pour tout ce qui concerne le cartel de Charles-Quint à

L'empereur Charles-Quint était instruit de ces négociations et de ces actes (1); impatienté des délais et de ces paroles évasives ou de cette mauvaise volonté, il s'écria tout haut en présence de l'ambassadeur de France, Calvimont : « Le roi, votre maître, a manqué déloyalement à la foi de chevalier qu'il m'avait donnée, et s'il osait le nier, je le soutiendrais seul à seul avec lui les armes à la main! » Dans les lois de la chevalerie c'était un véritable défi d'armes. Une dépêche de Calvimont informa François Ier de cet appel à un combat singulier : l'ambassadeur, n'exprimant aucune opinion, racontait les faits tels qu'ils s'étaient passés dans l'audience de l'Empereur.

A l'époque toute de négociation et de diplomatie où l'on se trouvait, François Ier avait tout à gagner en retardant une réponse. Le conseil était d'avis qu'en poursuivant la guerre en Italie, l'empereur Charles-Quint avait brisé lui-même le traité de Madrid, et qu'il n'y avait plus d'engagement de la part du roi de France, puis-

---

François Ier, on peut consulter un récit contemporain conservé dans les Mss Bethune, *Biblioth. imp.* n°s 8471, 8472.

(1) Le traité conclu entre François Ier et Henri d'Angleterre fut signé le 14 septembre 1527. Ces deux rois dénoncèrent ensuite la guerre à Charles-Quint par des hérauts-d'armes.

que la paix n'était pas observée, opinion partagée par le roi Henri VIII. Les deux conseils de France et d'Angleterre résolurent donc d'envoyer des hérauts-d'armes à Charles-Quint, pour lui déclarer solennellement la guerre. Ce n'était point ici un défi de chevalerie, la provocation d'un cartel, pour un combat corps à corps, les hérauts d'armes représentaient le suzerain, chef de la nation ; ce qu'ils dénonçaient, c'était la guerre et non pas un combat de chevalerie (1) en champ-clos.

Le défi de Charles-Quint, au contraire, était une provocation individuelle, à laquelle tout chevalier devait répondre. Le héraut-d'armes de France s'appelait Guyenne, celui d'Angleterre Clarence ; tous deux partirent donc couverts d'armures avec le blazon de leur maître sur la poitrine et le gonfanon à la main, précédés de deux trompettes également aux armes royales, s'acheminant à travers les terres de France et d'Espagne (2) ; ils trouvèrent l'empereur Charles-Quint qui tenait sa cour plénière à Burgos.

---

(1) Comparez *Belcarius*, liv. 19, n° 46, et Sleidan, *Comm.*, lib. VI.

(2) Sur les fonctions de hérauts-d'armes, consultez le beau livre de Sainte-Palaye *Sur la chevalerie*, liv. IV. Les miniatures de manuscrits reproduisent également les hérauts-d'armes.

Ils s'annoncèrent comme messagers d'armes de France et d'Angleterre portant les paroles des rois leurs seigneurs ; après trois appels au son de trompe, Guyenne, le héraut-d'armes de France, s'écria : « A toi, empereur Charles le cinquième, nous déclarons au nom des rois de France et d'Angleterre, que tu as forfait à l'honneur en retenant notre Saint-Père le pape captif au château de Saint-Ange, en gardant comme des serfs les enfants du roi de France qui n'étaient qu'otages, en refusant de payer à Henri, roi d'Angleterre, les sommes dont tu lui es débiteur (1). »

En entendant ces paroles hardies du héros-d'armes, l'empereur Charles-Quint, tout rouge de colère, répliqua d'une voix terrible : « En vérité, Guyenne, ton maître en a menti par la gorge, François de Valois, quoique libre, n'a pas cessé d'être mon prisonnier ; il a violé sa parole de chevalier, car n'avait-il pas promis de venir se remettre en mes mains, si le traité de Madrid n'était pas exécuté, et il ne l'a pas été. Ton maître, ayant forfait à l'honneur, n'a plus qu'à répondre au défi d'un combat singulier que je lui porte à

---

(1) Mss Bethune, n⁰ˢ 8471, 8472 (Biblioth. imp.). Cette demande était habile de la part de François 1ᵉʳ ; elle indiquait l'alliance intime de la France et de l'Angleterre.

la lance, à l'épée, à la hache d'armes, ainsi que je lui ai envoyé dire par l'ambassadeur Calvivimont. A présent part, je te donne congé. »

Les hérauts-d'armes, remettant leur casque et haulme sur leur chef, s'acheminèrent donc à travers l'Espagne et la France vers la cour de Fontainebleau, où ils trouvèrent le roi François Ier au milieu des fêtes et des plaisirs de ses nouvelles amours pour la duchesse d'Étampes : Guyenne répéta mot à mot les paroles fières et dédaigneuses de Charles-Quint. François, le visage en feu, dicta le cartel suivant : « A toi, élu empereur d'Allemagne, tu en as menti par la gorge, quand tu soutiens que j'ai manqué à ma foi de gentilhomme ; j'accepte ton défi, assigne un lieu de combat, promets-moi la sûreté du camp et terminons par l'épée ce qui s'est trop continué par l'écriture (1). »

Dans la loi de la chevalerie, assurer le camp, c'était donner un sauf-conduit solennel, de manière qu'en aucun cas il pût y avoir saisie de corps de l'un des deux combattants, car François Ier craignait toujours quelque piége tendu

---

(1) Ces sortes de défi se retrouvaient souvent dans les romans de chevalerie au moyen-âge ; voyez aussi Favin *Théâtre d'honneur*. François Ier avait pris pour modèle *Amadis de Gaule*, et il le suivait en toutes ses fabuleuses actions.

par Charles-Quint, et de voir ainsi recommencer sa captivité. Le héraut-d'armes Guyenne s'achemina une seconde fois pour les terres d'Espagne, portant le royal cartel dans une aumônière de soie. Charles-Quint tenait alors sa cour à Monço en Aragon : quand le héraut-d'armes eut achevé son défi et sonné ses trois coups de trompette, l'Empereur lui dit : « Rapporte au roi ton maître que j'accepte le cartel. le lieu fixé pour le combat sera l'île de la Bidassoa, la place même où François Ier m'a donné sa foi de gentilhomme d'exécuter le traité, et où il me remit ses enfants en otages ; ce lieu placé entre les deux États, n'est-il pas sûr? nous enverrons de part et d'autre un prud'homme en chevalerie pour procurer la sûreté du camp et décider le choix des armes que je prétends m'appartenir, car je suis l'insulté (1). »

Charles-Quint prenait ce cartel si parfaitement au sérieux qu'il avait fait choix du chevalier qui devait l'accompagner comme témoin et second dans le duel, c'était don Baltazar Castiglionne, le plus loyal des paladins dans la grandesse d'Espagne, l'auteur du beau livre cheva-

(1) J'ai donné toute la correspondance et les pièces relatives à ce cartel, dans mon *François Ier et la Renaissance*, t. II.

leresque *la Cortezia* (la Courtoisie), parfait miroir d'honneur et de bravoure ; ce choix ainsi fait, Bourgogne, le héraut-d'armes de Charles-Quint, s'achemina portant le défi en règle ; il espérait trouver à la frontière un sauf-conduit tout préparé pour voyager en France, mais, par un concours de circonstances que l'on ne peut expliquer, ce sauf-conduit se fit attendre jusqu'au 18 août (1). Voilà donc Bourgogne, voyageant à travers la France précédé de son écuyer, le blason d'Autriche sur la poitrine ; il arriva à Fontainebleau le 6 septembre et se fit annoncer à son de trompe comme le messager de l'Empereur : le héraut Guyenne vint au devant de lui :

— Que demandes-tu, chevalier ?

— Le roi, ton maître.

— Il est impossible que tu le voies aujourd'hui, il est à Lonjumeau à courre le cerf et j'ai ordre de t'y conduire.

Le héraut d'armes Bourgogne se mit en marche accompagné de Guyenne pour atteindre François Ier à la chasse dans la forêt ; quand ils virent

---

(1) Le hérau Bourgogne a lui-même rédigé un procès-verbal presque notarié, de toutes les circonstances de son message. (Mss Bethune, n°s 8471, 8472. Les hérauts-d'armes portaient en général le nom d'une province, et le blason du prince.

les tours de Lonjumeau, Guyenne ayant distancé Bourgogne revint bientôt en disant : « Le roi est encore à la chasse avec la duchesse d'Étampes et je n'ai pu les rejoindre. » Après bien des allées et des venues, le roi de France enfin fit dire qu'il recevrait le message de Charles-Quint dans le château des Tournelles à Paris, et Bourgogne se hâta de s'y rendre conduit par le grand-maître de Montmorency, montrant partout une vive impatience de remplir son office.

Dès que le Roi l'aperçut, il s'écria :

— Héraut Bourgogne m'apportes-tu l'assurance du camp (1) ?

— Permettez, sire, que je fasse mon office et que je lise le cartel que l'Empereur mon maître m'a chargé de porter à votre majesté.

— Héraut Bourgogne, je te le répètes, m'apportes-tu la sûreté du camp ?

Le héraut Bourgogne, au lieu de répondre, se mit en mesure de lire le cartel dans son entier. Le Roi l'interrompit :

— Assez, Bourgogne ! donne-moi d'abord la

---

(1) Toutes les paroles de François Ier portent la trace d'une vive et profonde irritation ; on avait déjà eu l'exemple de ces cartels envoyés de rois à rois : Louis *le Gros* défia Henri Ier, roi d'Angleterre, Edouard III défia Philippe-de-Valois, et le roi Jean, etc. etc.

patente de sûreté du champ-clos, et tu harangueras ensuite tant que tu voudras.

— J'ai ordre de lire à votre majesté le cartel et de vous le remettre en main.

— Je ne le permettrai pas; ton maître voudrait-il donner des lois dans mon royaume?

— Sire, je ne puis remplir mon office ainsi qu'il m'a été donné : constatez votre refus par écrit et donnez-moi un sauf-conduit pour le retour.

— Montmorency, qu'on le lui donne donc, dit le Roi impatienté.

Le héraut Bourgogne répéta à deux fois au grand-maître Montmorency :

— Monseigneur, vous voyez bien qu'on n'a pas voulu m'entendre, et cependant je dois vous dire que le cartel contenait la sûreté du camp.

Alors le héraut fit encore sonner trois fois de la trompette, provoqua le roi de France au nom de son maître en combat singulier et reprit la route d'Espagne à travers l'Orléanais, la Guyenne et la Gascogne (1).

(1) « Procès-verbal du héraut-d'armes Bourgogne. » Cette pièce est fort curieuse pour l'histoire des cartels de chevalerie.

XIX

LA PAIX DE CAMBRAI OU DES DAMES (1).

1528.

Quand on lit le procès-verbal minutieux du héraut-d'armes Bourgogne, tout en faisant même une grande part à sa passion personnelle pour l'empereur Charles-Quint, son maître, on serait tenté de croire à un manque de cœur et de courage du côté de François Ier. Il semble en résulter, en effet, que Charles-Quint cherchait très-sérieusement un duel corps à corps, même à outrance, à la lance, à l'épée, au poignard, et que François Ier l'éluda par des prétextes et des délais qui tinrent évidemment à des causes particulières qu'on expliquerait difficilement au point de vue de la chevalerie.

On ne peut croire néanmoins que François Ier, si brave, si déterminé, le vainqueur de Mari-

---

(1) Je conserve ce mot de *Paix des Dames*, qui est dans Brantôme ; les véritables négociateurs furent des clercs et des parlementaires sous la médiation du légat.

gnan, le héros de Pavie, qui, seul, combattait à pied, l'épée brisée, une multitude d'ennemis, eût cherché un prétexte pour éviter le champ-clos, si exalté par *les chansons de gestes* du moyen-âge ; les romans de chevalerie fournissaient des exemples d'empereurs et de rois rompant une lance au carrefour d'une forêt avec une intrépidité incomparable contre un chevalier inconnu, et Charlemagne lui-même, le grand empereur, n'avait pas dédaigné de se mesurer avec Sacripan et Ferragus, comme on le lisait dans le poëme de l'*Orlando furioso* (1).

Il eût été difficile de croire à un piége de la part de Charles-Quint : on devait se battre en terre neutre sur l'extrême frontière, et il était si aisé de prendre ses précautions ! Il faut donc penser que ce refus ou ces délais tenaient à une cause générale et politique ; la question d'honneur et de courage restait en dehors. Le conseil de François Ier avait jugé que tout ce qui s'était fait à Madrid était nul et que Charles-Quint lui-même avait brisé le traité par des entreprises nouvelles qui en modifiaient singu-

---

(1) L'*Orlando furioso* d'Arioste avait été publié en 1515, et la première édition était très-répandue en Italie et en France ; François Ier en commanda la traduction.

lièrement l'esprit et la tendance. Selon le conseil du roi de France la conséquence immédiate du traité de Madrid, devait être la paix absolue; François Ier avait tant cédé pour apaiser l'ambition de Charles-Quint! Comment arrivait-il donc que la guerre continuât en Italie et que l'Empereur combattît encore les Florentins, les Milanais et notre saint-père le Pape lui-même? Toutes les conditions étaient donc changées; la domination suprême de l'Italie était convoitée par Charles-Quint en violation manifeste du traité. Il est vrai que cette Italie méritait peu d'intérêt de la part de la France : les Milanais secouaient tout gouvernement régulier dans la guerre civile, sous les Sforza et les Visconti. Les Florentins, capricieusement, exilaient ou rappelaient les Médicis; les Romains s'agenouillaient devant les papes ou les chassaient : Bologne, Ferrare, étaient en pleine révolution, et les Vénitiens, naguère si puissants, s'affaiblissaient dans l'excès de leur propre ambition conquérante (1) dans l'Orient.

Au milieu de ces agitations intestines, se révélait le caractère ambitieux de la maison de Savoie. Au passage de François Ier, avant la

(1) Guichardin, quoique profondément italien, constate ces tristes agitations des peuples.

triste bataille de Pavie, le duc Charles III, lié à la France, avait reçu du roi des subsides et des promesses d'agrandissement depuis le Piémont jusqu'à la frontière de Gênes ; après les malheurs de la France, le duc brisait presque avec éclat cette alliance, sans s'arrêter même à la question de famille : car la régente, mère du roi de France, était la tante du duc Charles III (1). L'empereur eut désormais la clef des Alpes et le concours des forces des ducs de Savoie.

La république de Gênes elle-même avait abandonné la cause de la France en péril ; la désertion éclatante d'André Doria, le célèbre marin, mettait le sceau à cette politique d'oubli et d'abandon.

Le conseil de François Ier soutenait donc qu'il y avait rupture ou modification dans le traité de Madrid, et par conséquent liberté pour le roi de s'en affranchir ou de prendre tous les moyens pour le rendre moins lourd. L'habile diplomatie de la France d'ailleurs avait déjà obtenu quelques résultats d'alliance et de concours efficaces : durant même la captivité de François Ier à Madrid, la régente, Madame de Savoie,

---

(1) Charles était le successeur de Philibert II, duc de Savoie ; son règne fut très-long, il ne mourut qu'en 1553.

avait ouvert des négociations avec Henri VIII d'Angleterre, inquiet lui-même des empiétements de Charles-Quint; elles avaient abouti à des stipulations secrètes (1), et le cardinal Wolsey, après la délivrance du roi de France, était venu négocier sur le continent : un traité de mariage fut conclu entre le second fils du roi de France et Marie, princesse d'Angleterre. Cette alliance assurait le concours de Henri VIII dans une guerre, si Charles-Quint persistait à garder les deux fils de François Ier en captivité et à persécuter notre Saint-Père. Dans les caprices de sa puissance, Charles-Quint s'agenouillait devant le pape et le gardait captif; l'Empereur respectait la papauté, mais il voulait avoir son pape. On rencontre souvent de ces esprits dans l'histoire qui ménagent les institutions pourvu qu'elles se ployent à leur caprice.

Dans l'état où se trouvait l'Europe menacée par les Turcs, il était difficile qu'une longue guerre pût se renouveler entre les princes chrétiens, sous un simple prétexte d'ambition et de querelles personnelles ; les esprits étaient tournés vers la croisade en Orient. Tout ce qui avait un cœur élevé songeait donc à combattre le

---

(1) Traité du 7 août 1526, avec l'Angleterre.

Turc ; et, sous l'influence de Diane de Poitiers, il s'était formé un ordre de chevalerie, dont le premier vœu était de combattre les infidèles avec les braves chevaliers de Saint-Jean de Jérusalem. Il fallait donc assurer une paix définitive et sans esprit de retour entre Charles-Quint et François Ier : comme il était difficile de les rapprocher personnellement après tant d'irritation et d'injures, deux femmes encore se chargèrent de ménager la réconciliation des princes. En France, ce fut la prudente et active duchesse d'Angoulême (1), la mère de François Ier; elle avait négocié avec l'Angleterre et se croyait assez puissante pour conclure une seconde paix avec Charles-Quint. Pour l'Empereur, la femme choisie pour négocier fut Marguerite, archiduchesse d'Autriche, gouvernante des Pays-Bas, princesse d'une intelligence supérieure, la fille de l'empereur Maximilien et de Marie de Bourgogne ; enfant, elle avait été fiancée à Charles VIII, roi de France, puis à l'infant d'Espagne, mort avant son mariage (2), enfin veuve

---

(1) Comparez Belcarius, liv. xx, Sleidan, *Comment*. lib. vi. avec Guichardin, liv. xix. Guichardin est fort irrité contre cette négociation, qui selon lui sacrifiait l'Italie.

(2) Marguerite d'Autriche était née à Gand, en 1430 ; elle

presqu'aussitôt de Philibert-le-Beau, duc de Savoie ; elle vit à peine son mari qu'elle pleura toute sa vie. Dès ce moment, Marguerite se consacra au gouvernement des Pays-Bas ; une des héritières de la maison de Bourgogne, elle en avait gardé la hardiesse, la fierté ; elle protégeait les lettres et les arts, et son gouvernement fut aimé et admiré : l'industrie des villes de Bruges, de Gand, de Malines, grandit sous ses lois : il n'y eut pas de révolte mais des libertés. Du gouvernement de Marguerite, datent la plupart de ces hôtels-de-ville à horloge, à clochetons qui couvrent les Flandres : les corporations libres et heureuses purent bâtir leur maison commune, se grouper dans la salle des festins, processionner au son des cloches à carillon. Les Flandres sont aujourd'hui encore les gardiennes de l'esprit de corporation au moyen-âge ; c'est ce qui fait leur joie, leur liberté et leur grandeur !

La protection artistique de Marguerite d'Autriche s'étendit sur les domaines de Savoie, la patrie de l'époux pleuré ; elle y fit construire

---

avait été fiancée à l'infant en 1497. Ce fut alors qu'elle composa l'épitaphe si connue :

> Ci gît Margot, la gente damoiselle,
> Eut deux maris et si mourut pucelle.

la charmante église de Brou qui fait encore l'admiration des artistes. Maîtresse de toute la confiance de Charles-Quint, ce fut à elle que le pape s'adressa pour obtenir son intervention : il s'agissait d'une grande trêve pour tourner les armes chrétiennes contre les Turcs. Ainsi, deux femmes allaient présider à des négociations délicates que la colère des princes avaient rendu impossibles ; elles allaient donner à l'esprit chevaleresque une autre direction, celle de la croisade contre les Turs. A Cambrai, furent réunies toutes les dames de la cour de Fontainebleau, de Gand, de Malines et de Bruxelles. Diane de Poitiers, la duchesse d'Étampes, suivirent la reine régente, comme attachées à sa personne, et pour présider aux fêtes de la chevalerie.

Les premières gravures de la Renaissance nous donnent, comme pour le camp du Drap-d'Or, la reproduction des solennités qui accompagnent les négociations de Cambrai : une surtout témoignait du mélange de l'esprit français et de la grande piété flamande. Dans une haute tour, est dame l'Église vêtue de blanc, toute en pleurs, assiégée par des mécréans tout noirs, Sarrasins et Turcs ; elle implore le secours des chevaliers qui accourent de toute part, la croix sur la poitrine. Dans une miniature, on voit Constantinople et Jérusalem : les règles de la perspective n'y sont nullement gardées, les maisons semblent se refouler sur les maisons, les cités sont pleines de Sarrasins, mais sur l'horizon apparaît un ange à l'épée flamboyante qui montre aux chrétiens les cités captives.

L'esprit des croisades suffirait-il pour apaiser les colères politiques de Charles-Quint et de François Ier ? Néanmoins les deux négociatrices en profitèrent pour signer la paix de Cambrai (1), que Brantôme, le premier, appelle la *paix des dames*. Ce traité modifiait sous quelques points de vue l'inflexible convention de Madrid : moyennant le mariage accompli de François Ier et d'Éléonore de Portugal, le roi de France gardait le duché de Bourgogne, sous la condition expresse qu'il serait donné en apanage à un des fils du roi, sous un simple hommage ; le dauphin devait épouser une infante, car l'empereur Charles-Quint semblait mettre un grand prix à reconstituer l'illustre maison de Bourgogne, dont il était l'héritier et le représentant. La Flandre, l'Artois avec Tournai étaient réunis

---

(1) Les deux princesses logeaient dans deux maisons contigues, afin de se voir facilement. Consulter Belcarius, liv. xx., n° 24, 25, et Sleidan, *Comment.*, lib. vi.

aux Pays-Bas sous le gouvernement de Marguerite d'Autriche. Le roi de France rendait aux héritiers du connétable de Bourbon, tous les fiefs confisqués, pour les tenir sous simple hommage, sans qu'on pût invoquer les arrêts prononcés par le parlement. La principauté d'Orange était reconstituée au profit de Philibert de Châlons (1), le compagnon si brave du connétable de Bourbon au siége de Rome, vaillant chevalier resté fidèle à la cause de Charles-Quint. La principauté d'Orange était enclavée dans les terres pontificales du comtat d'Avignon ; plus tard elle passa dans la famille protestante des ducs de Nassau qui prirent le titre, depuis si glorieux, de prince d'Orange. Charles-Quint voulait ainsi entourer le royaume de France de principautés indépendantes et libres, afin d'en empêcher le développement territorial.

L'article de ce traité qui dut coûter durement à François Ier, ce fut la renonciation

---

(1) Philibert de Chalons, prince d'Orange, était fils de Jean de Chalons, baron d'Aulay, et de Philiberte de Luxembourg ; il avait dû épouser Catherine de Medicis, pour se faire un grand État en Italie. La négociation fut brusquement rompue. Philibert de Chalons, prince d'Orange, étant mort sans enfants, ses biens et ses armoiries passèrent à Réné de Nassau, fils de sa sœur, qui institua pour héritier Guillaume de Nassau, le fondateur de la république hollandaise.

absolue à tous les droits, à toutes prétentions sur l'Italie, cette terre pour lui toute de prédilection. Le roi donnait sa parole sous la garantie du pape, de ne jamais plus revendiquer ses héritages du Milanais, de Naples et de Gênes, ces terres qu'il avait tant aimées. L'histoire des premiers Valois révèle l'amour immense de ces rois pour l'Italie ; tous l'avaient traversée, les armes à la main, en la revendiquant comme leur patrimoine ; il en fut ainsi jusqu'à la réformation qui annula l'action diplomatique de la France pendant un siècle.

XX

DÉLIVRANCE DES ENFANTS DE FRANCE. — TOURNOI DE LA RUE SAINT-ANTOINE. — DIANE DE POITIERS. — LA DUCHESSE D'ÉTAMPES.

1529—1530.

La signature du traité de Cambrai faisait cesser la bien triste captivité des pauvres enfants du Roi, donnés comme otage pour l'exécution du traité de Madrid; ils avaient passé de cruels jours et subi bien des dures épreuves en Espagne! L'empereur Charles-Quint dans sa colère avait reporté sur eux ses ressentiments. Les enfants de France, exilés de Madrid, furent relégués dans un couvent de moines à Valadolid; là, gardant leur fierté et leur honneur, ils ne se plaignirent jamais; ils ne firent aucune démarche pour appeler le roi leur père aux sacrifices de sa couronne et de son pouvoir.

Une fois le traité de Cambrai conclu, les otages devenaient libres moyennant rançon, selon l'usage; elle fut fixée à deux millions d'écus d'or que la régente recueillit avec des peines infinies par un système d'économie, d'emprunt et d'impôt : ces sacs d'écus furent chargés sur des mulets (1) et conduits jusqu'à la Bidassoa. Comme le chancelier Duprat qui les conduisait était fort retord et que les Espagnols le savaient très-habile pour l'alliage des monnaies, ils envoyèrent des commissaires avec charge de vérifier le poids et l'aloi des écus, opération qui dura quatre mois ; on reconnut un déficit dans le poids, il fallut ajouter quarante mille écus dans les balances pour le complément de la somme promise; les caisses chargées sur des mules pimpantes prirent la route de la frontière. En ce moment on vit paraître sur les rives de la Bidassoa un royal cortége (2) : en tête dix alcades, leurs bâtons blancs à la main ; à la suite, le connétable de Castille, Fernandès Velasco, suivi de la reine douairière de Portugal, grave de contenance, suivie de ses duègnes et de ses filles d'honneur ; à ses côtés et faisant disparate à sa gravité, les deux enfants de France, le Dauphin et le duc d'Orléans, alertes et forts contents de s'en revenir : les mœurs espagnoles étaient si différentes

---

(1) Il y avait 80 caisses de 25,000 écus chacune. Voyez Belcarius, lib. xx, n° 31, qui entre dans de grands détails.
(2) Sleidan, *Comment.*, liv. vii, détaille toute cette cérémonie de la Bidassoa.

des coutumes vives et légères de la nation française ! Le connétable de Montmorency conduisait à la fois la reine de Portugal et les princes : François Ier se porta à leur rencontre jusqu'à Bayonne ; il accueillit ses enfants avec des transports de tendresse et de joie ; l'un et l'autre s'étaient conduits avec tant de dignité dans leur malheur !

Le royal cortége se dirigea sur Bordeaux, qui salua la nouvelle reine par des fêtes, des festins, comédies, ballets et passes d'armes : les Espagnols récitèrent quelques joyeuses saynètes à l'occasion des noces qui furent accomplies par l'archevêque d'Embrun (1) ; on suivit la route de la Guyenne, du Languedoc, lentement, entouré de peuples et de fêtes ; chaque cité était en joie, et l'on vit bientôt se dessiner les tours et le vaste bâtiment du château d'Amboise. Dans cette royale demeure, les deux époux devaient attendre les préparatifs du couronnement de la nouvelle reine à Saint-Denis (2). L'empereur Charles-Quint avait exigé cette cérémonie royale, afin qu'en aucun cas il put y avoir séparation ou divorce. La vieille abbaye se para de toutes ses

---

(1) Depuis créé cardinal de Tournon.
(2) Au mois de mars 1530.

reliques et du chef ou tête de Charlemagne enchâssé dans son reliquaire d'or. A l'occasion de ce couronnement de la reine Eléonore, un tournoi fut indiqué dans la rue Saint-Antoine, le lieu habituel de ces passes-d'armes : depuis deux mois, les messagers, écuyers, hérauts, varlets suivant l'usage, s'étaient dirigés vers tous les châteaux de France pour annoncer à son de trompe, la belle et joyeuse fête ; on devait combattre à la lance, à l'épée (fer émoulu), à la masse d'armes, à la joûte et à la lutte, et ce fut une grande joie dans toutes les châtellenies. Quel chevalier pouvait manquer à l'appel de François Ier ?

A l'extrémité, vers la porte Saint-Antoine, se trouvait la Bastille dont les jardins et les fossés s'étendaient jusqu'à la rivière (1) : un espace couvert de verdure et de prairies séparait la Bastille du château des Tournelles entouré de ses vergers, treillis (2) et d'un petit bois de cerisiers s'étendant jusqu'au bastillon et à la petite

(1) On peut voir (Biblioth. imper.) le plan de Paris sous François Ier (Cabinet des cartes). Ce cabinet est fort pauvre sur le vieux Paris.

(2) Les rues environnantes ont encore conservé aujourd'hui ces dénominations de la Cerisaye, du Beau-Treillis, du Lyon-Saint-Paul.

colline de Montreuil; entre ces jardins et la Seine, était la large rue Saint-Antoine se développant jusqu'au couvent des Célestins. C'était entre l'hôtel Saint-Paul et la ménagerie des Lyons que se donnaient les tournois.

Il devait être splendide ce tournoi donné par le roi François Ier à l'occasion de son mariage avec la reine de Portugal!

Au jour indiqué par les prudhommes et experts en chevalerie, on prépara de grandes lices sablées et bien arrosées d'eaux de senteur entre les échafaudages parés de couleurs brillantes, destinés aux dames et aux juges des tournois. La veille, à la passe d'armes, les champions suspendirent à des piquets dorés leurs gonfanons et leurs écus ornés de leurs armoiries, afin que les juges d'armes pussent apprécier et décider la loyauté et l'origine des tenants du tournoi, car il ne fallait pas qu'un félon et discourtois chevalier pût se mêler dans les rangs de cette fleur des paladins de France (1). Le chroniqueur Belleforest (2) a décrit le tournoi de la rue Saint-

---

(1) Voir dans le bel ouvrage de Sainte-Palaye, les cérémonies des tournois : *Essais sur la chevalerie*, dissert. 3.

(2) François de Belleforest appartenait à la noblesse du pays de Comminges; il avait été élevé sur les genoux de la reine de Navarre, sœur de François Ier, et avait entendu conter les belles histoires du temps.

Antoine avec de longs et heureux détails ; historien d'imagination, d'une naïveté charmante, Belleforest n'est pas, comme le fut après lui De Thou, un esprit fort, un parlementaire sérieux et chagrin, subissant le joug de l'idée politique et passionné pour son parti. Belleforest, gardant les traditions du moyen-âge, se complaît à la description des fêtes de chevalerie ; il réfléchit peu, il raconte !

Belleforest a donc décrit ce tournoi de la rue Saint-Antoine avec des couleurs vives, comme celle d'une miniature de manuscrits. Il raconte les lances brisées en l'honneur des dames et les carrières fournies. Après les honneurs rendus à la reine Éléonore, la lice fut ouverte pour disputer le prix de la beauté ; les deux héroïnes furent la duchesse d'Étampes et Diane de Poitiers, déjà rivales de grâces et de pouvoir : des chevaliers croisèrent l'épée pour elles et vinrent leur offrir le gage de bataille. Le roi était alors sous la puissance de la jeunesse et de la grâce ; la duchesse d'Étampes l'exerçait avec un charme si en dehors même des formules de

(1) Son livre porte ce titre : *Annales ou Histoire générale de France*, 2 vol. in-f°. Belleforest avait encore écrit un livre d'histoire sous ce titre : *Histoire de neuf rois de France qu ont porté le nom de Charles*.

respect que, dans sa correspondance, elle donne à François Ier le simple titre de *Monsieur* ; enfant gâtée, elle semble compter sur l'amour qu'elle inspire à un roi déjà avancé dans la vie ; elle lui commande avec grâce ses moindres caprices. Autour d'elle, se groupait le parti huguenot ; Jean Calvin la choisit pour sa protectrice ; Clément Marot lui adressait ses psaumes versifiés et ses plus jolis rondeaux. A une époque de parti, les opinions ardentes ne discutent pas le genre, la nature et même la moralité des protections qu'ils invoquent, pourvu que ces protections les servent et les fassent triompher.

A la cour de François Ier, sous la toute-puissance de la duchesse d'Étampes, on vit le duc d'Orléans, le second fils du roi, à treize ans, s'éprendre aussi comme un jeune et fou chevalier de Diane de Poitiers qui comptait déjà trente ans. Si on en croit Brantôme et les traditions qu'il avait recueillies sur Diane de Poitiers à cet âge, elle était la belle parmi les belles ; et plus elle prenait des années, plus cette beauté jetait de l'éclat, si bien qu'on croyait qu'elle avait recours à la magie (1). Cette magie était le résul-

---

(1) Théodore de Bèze, fort hostile à Diane de Poitiers, attribue à la magie, ce charme qu'elle exerçait autour d'elle ; le

tat d'une vie active, du soin qu'elle prenait d'elle-même. Debout à cinq heures du matin, elle se trempait dans un bain d'eau froide, puis à cheval, elle s'élançait dans les forêts comme la Diane de la mythologie, la divinité dont elle avait pris le nom; elle chassait deux ou trois heures au *courre*, à la pique, le cerf, le sanglier, puis elle revenait se coucher sur son lit de repos, où elle passait la matinée à lire des romans de chevalerie, des livres d'astrologie et d'histoire, jusqu'à ses repas qu'elle prenait substantiels et légers.

L'amour un peu étrange qu'elle inspirait à un jeune homme de quatorze ans avait sans doute sa source dans les bontés que Diane avait témoignées aux jeunes princes captifs lors de leur triste départ pour l'Espagne; à Bayonne, lors de leur retour, Diane de Poitiers avait élevé Henri sur ses genoux et dans ses bras, elle l'avait caressé avec une affection de mère; aussi, quand Henri fit son gracieux début d'armes au tournoi de la rue Saint-Antoine, son premier coup de lance fut pour Diane de Poitiers; il ne la quittait plus dans ses courses des bois, à la chasse;

---

grave Pasquier n'est pas éloigné de cette opinion populaire; t. II, p. 5 de ses *Recherches*.

on disait même que le petit amour que le Primatice avait placé à côté de Diane dans son admirable portrait n'était autre que Henri, duc d'Orléans. Il se rattachait peut-être à cette affection une idée de parti. Diane de Poitiers était rapprochée des Guise (1) et des Montmorency (2) (la maison de Lorraine toute dévouée aux catholiques et les Montmorency expression de la haute féodalité) ; ces deux maisons supportaient impatiemment l'influence de la duchesse d'Étampes, et Diane de Poitiers était sa rivale.

Après les fêtes des tournois vinrent les deuils : par une circonstance curieusement triste, les deux princesses, qui avaient signé le traité de Cambrai, *la paix des dames,* moururent à la distance à peine d'une année l'une de l'autre. La duchesse d'Angoulême, mère de François Ier, qui suivit Marguerite d'Autriche dans la tombe, avait exercé une influence de bien et de mal sur le règne de François Ier; généreusement dévouée, elle avait servi son fils avec amour, mais en même temps très-passionnée, elle avait été un obstacle à l'apaisement des partis; elle

---

(1) La maison de Lorraine était représentée par Claude, duc de Guise, qui avait épousé Antoinette de Bourbon.
(2) La maison de Montmorency était représentée par le maréchal Anne de Montmorency, depuis le connétable.

avait blessé, heurté bien des caractères, et on pouvait lui attribuer la défection du connétable de Bourbon (1). Marguerite d'Autriche (2), tête à la fois politique et doucement chevaleresque, dévouée aux lettres, avait agi avec une grande prudence dans le gouvernement des Pays-Bas, en même temps qu'elle passait les plus tendres loisirs de sa vie à pleurer son dernier mari, Philibert de Savoie, qu'elle avait tant aimé; elle légua son corps à l'église de Brou, où l'on voyait son tombeau au milieu des merveilles de la Renaissance qui alors se réveillait au palais de Fontainebleau avec les chefs-d'œuvre de l'art.

(1) Louise de Savoie, duchesse d'Angoulême, mourut le 29 septembre 1532, à l'âge de 54 ans; son *Journal* comprend les annales de 1501 à 1522.

(2) Marguerite d'Autriche mourut à Bruxelles, le 1er décembre 1531, elle a laissé des poëmes et des chansons qui existent encore à la Bibliothèque Impériale.

XXI

LA RENAISSANCE DE L'ART. — DEL ROSSO. — PRIMATICE. — BENVENUTO CELLINI. — BERNARD PALISSY.

1520—1540.

Les loisirs que la paix de Cambrai allaient laisser au roi François Ier lui permettraient désormais de satisfaire son irrésistible penchant pour les arts, ce goût des bâtiments qu'il avait pris durant son expédition d'Italie, et l'on a vu qu'à son retour, après la victoire de Marignan, le Roi avait fait un digne accueil à maître Léonard de Vinci. Cette Italie, si féconde, si riche en artistes, alors tout entière livrée à la guerre civile, aux misères (1) qu'elle entraîne, offrait peu de ressources à l'art, elle créait des infortunes et peu de travail; il se fit donc une émigration naturelle vers la France, où régnait un prince passionné pour les bâtiments, pour leur splendeur et leur ornementation.

(1) Guichardin, quoique profondément Italien, fait un triste tableau de sa patrie à cette époque, liv. VII.

Presque tous les châteaux jusqu'au XVIe siècle, même les résidences royales, avaient gardé les formes du moyen-âge. Il ne faut jamais être exclusif dans les admirations, et cependant il faut rester juste : l'architecture du XIIe au XVe siècle avait bien sa grâce particulière, son originalité nationale : ces tourelles élancées et couronnées de crénaux, ces ponts-levis, ces escaliers qui s'entrelaçaient comme un serpent au flanc des murailles, ces oratoires, ces églises à ogives, ces formes de bâtiments à la fois sveltes et solides avaient leur charme et leur diversité (1). Les bâtiments du moyen-âge apparaissent de loin, comme les châteaux des fées dans les légendes bretonnes. Mais tout allait changer avec les mœurs et les habitudes : les châteaux féodaux étaient faits pour ces temps de morcellement et de partage du pouvoir suzerain, où l'abbé Suger, avec toutes les forces de la monarchie de Louis-le-Gros, assiégeait le château de Montmorency.

La perfection du style à ogives s'était produite sous le règne de saint Louis, et la Sainte-Chapelle à Paris était une œuvre admirable.

---

(1) J'ai traité avec quelque étendue la vie de château au moyen-âge dans mon *Philippe-Auguste*.

Lorsque la domination des Anglais força les rois de France à porter leur cour plénière dans la Touraine, ce fut encore les châteaux féodaux qui abritèrent le Dauphin, depuis Charles VII. Les débris du Plessis-les-Tours peuvent donner l'idée d'un château royal à cette époque de luttes entre la royauté, les féodaux et les Anglais; les types varient peu : les murailles, les tours, les machicoulis, les ponts-levis, les fossés sont du même style (1).

Ce fut donc à l'art de l'Italie qu'on dut la transformation des châteaux royaux en vastes bâtiments avec jardins bien dessinés, des pavillons larges et carrés, de longues galeries ornées de peintures, de sculptures, des jardins peuplés de statues. De loin on distingue encore et l'on reconnaît les bâtiments de la Renaissance avec leurs fenêtres longues et sculptées, leurs colonnes à torsades criblées de niches remplies de gracieuses statues : dans chaque salle, de hautes cheminées qui sont elles-mêmes des monuments, des plafonds mythologiques où étaient reproduits Jupiter, Vénus, Ulysse et ses

---

(1) La Bibliothèque Impériale possède des gravures presque contemporaines qui reproduisent le château de Plessis-les-Tours, la résidence de Louis XI, moins terrible qu'on ne la fait (Cabinet des estampes).

aventures fabuleuses, l'histoire, traduite en poëme épique sur la pierre et le marbre. Dans les jardins, les beaux treillis, les fruiteries succédaient aux grands massifs d'arbres verts et séculaires : plus la forêt était profonde, plus le hallali se faisait entendre à cette époque où la chasse était un grand art ; dans chaque bosquet étaient des statues en bronze ou en marbre. Les fontaines elles-mêmes, ornées de fantastiques compositions, des sirènes, des faunes, des salamandres ; de petits châteaux en bronze d'où s'élançaient, en cascade bouillante, les eaux écumeuses roulant dans un bassin plein de vieilles carpes aux colliers d'or.

Le premier des artistes qui vint en France après maître Léonard de Vinci, pour réaliser cette transformation, fut Del Rosso (1), connu plus généralement sous le nom de maître Roux ; né à Florence sous le gouvernement des Médicis. Comme Léonard de Vinci, aucun art ne lui était inconnu : l'architecture, la peinture, la poésie, la musique. C'était le type de l'artiste italien que cette universalité dans une seule imagination ; par dessus tout, maître Rosso possé-

---

(1) Maître Roux était né en 1496, et avait beaucoup étudié Michel-Ange.

dait un faire original, un coloris brillant : l'église de l'*Annonciada*, à Florence, possédait son tableau de la transfiguration (1), où le peintre avait placé une troupe de Bohémiens sur le premier plan du tableau, au devant même des Apôtres. Durant le siége de Rome par le connétable, où tous les artistes se battirent pour le pape, en témoignage de la protection qu'il leur accordait, maître Rosso fut fait prisonnier par les Allemands ; racheté par François Ier, il vint en France, où le roi lui confia, avec le titre de surintendant, la direction des bâtiments de Fontainebleau : maître Rosso construisit la principale galerie qu'il orna de belles peintures, aujourd'hui détruites par le temps et par l'humidité : elles représentaient *les actions les plus mémorables* du règne de François Ier ; dans la galerie dorée on remarquait *Vénus* et *Bacchus nus*, *Vénus et l'amour* et la sybille *Tiburtine* annonçant la naissance du Messie. Chacune de ces figures reproduisait les portraits de François Ier et de Diane de Poitiers ou de la duchesse d'Étampes. Maître Rosso régna en maître à Fontainebleau jusqu'à l'arrivée du Primatice.

(1) Le musée du Louvre a un seul tableau del Rosso ; il représente la Vierge qui reçoit les *hommages de sainte Élisabeth*.

François Primatice, né à Bologne, l'élève chéri de Jules Romain (1), le peintre des vastes scènes de l'histoire antique, fut appelé en France un peu après Rosso (2), et à peine à côté l'un de l'autre les deux artistes conçurent une jalousie mutuelle qui se traduisit en combats singuliers ; ces rivalités d'artistes s'expliquent et peuvent même se justifier ; quand on a la passion de l'art, on se fait souvent de ses propres œuvres une idée exagérée, parce qu'on y a mis toute sa personnalité, sa force et sa vie ; on se bat pour son œuvre, comme pour sa chair et son sang.

L'irritation en vint à ce point chez Rosso, que le Roi fut obligé de donner au Primatice une mission d'art pour recueillir les plus belles statues antiques de l'Italie : le modèle de Laocoon, de la Vénus de Médicis, de l'Ariane ; bientôt coulés en bronze et destinés à orner les jardins de Fontainebleau. Primatice revint en France, et après la mort violente de Rosso (3), il reçut du roi la même charge, la même dignité d'intendant des bâtiments et châteaux ; ce fut alors,

---

(1) En 1490 ; il resta six ans dans les ateliers de Jules Romain.

(2) Un an après l'arrivé del Rosso à Fontainebleau.

(3) Il prit du poison à la suite d'une aventure tragique, en 1541.

qu'avec une ardeur extrême, il composa les plafonds de la *galerie d'Ulysse* à Fontainebleau, vaste sujet de mythologie et d'histoire, dont il ne reste plus que quelques débris : heureusement la gravure, plus respectée (1) que les ouvrages de l'art, a recueilli l'œuvre du Primatice ; les générations futures portent si peu de respect au passé ! Cette histoire d'Ulysse, si merveilleuse, qui prêtait tant à l'art, était d'un fini parfait et d'un brillant colori ; il reste du Primatice les deux figures de Diane de Poitiers et de la duchesse d'Étampes ; Diane, surtout, la déesse des forêts, est splendide de fierté et de grâce ; à demi cachée, elle semble attendre ses compagnes pour s'élancer ensuite dans la forêt à la poursuite du cerf et du sanglier : Primatice modifia tout le plan de maître Roux, pour l'achèvement de Fontainebleau ; on dit que ce fut encore par jalousie et pour détruire ses œuvres.

Le plus étrange, le plus singulier de ces artistes au milieu de la Renaissance, ce fut Benvenuto Cellini, orfèvre-ciseleur, qui a écrit lui-même sa vie avec l'histoire de ses œuvres. J'aime les mémoires de Benvenuto Cellini, personnels, exagérés parce qu'ils sont précisé-

(1) La galerie du château de Fontainebleau a été gravée par Théodore Van Thualden, 58 pièces in-f°.

ment l'expression naïve du sentiment excessif de l'artiste ; chez lui, pas de fausse modestie, de front humble et hypocrite, pour mendier un compliment : Benvenuto Cellini a tout fait ; brave comme Roland, il a été excellent musicien, grand poëte ; il le dit du moins (1) ; né au commencement du XVIe siècle, à l'époque de l'art de Nieler (la gravure sur cuivre, or ou argent), Benvenuto Cellini, se consacra à la ciselure, à la fonte des métaux, science nouvelle et florentine : il arriva à ce point de perfection qu'il put reproduire les modèles antiques, et composer lui-même d'admirables œuvres en bronze, en marbre, en or, en argent, d'une perfection à laquelle n'ont pu atteindre les artistes modernes. Appelé par le roi François Ier, après les troubles civils de Rome, Benvenuto Cellini, vint au château de Fontainebleau, où, par l'ordre du Roi et avec ses encouragements, il façonna des coupes (2), des vases, des statues. Dans ses mémoires il dit que le Roi lui commanda douze figures d'argent, de la hauteur de 5 pieds huit pouces, représentant

(1) Benvenuto Cellini naquit en 1501. Les mémoires de Benvenuto Cellini ont été plusieurs fois imprimés ; il a fait aussi un *Trattato del arti delle oreficeria*, Florence 1568.

(2) Les coupes de Benvenuto Cellini sont très-précieusement recherchées ; une d'elles fut payée 1,600 guinées en 1774.

six dieux et six déesses pour orner la table des royaux festins; quelques jours après, François Ier lui commanda une salière du poids de mille écus d'or : les deux statues de Jupiter et de Junon furent bientôt achevées, et le Roi vint les visiter dans l'atelier de Benvenuto ; il était accompagné de la duchesse d'Étampes, à laquelle l'artiste galant offrit un beau vase ciselé de sa main (1) : il reçut alors la commande d'un dessus de porte en argent et d'une fontaine architecturale, pour orner la cour d'honneur du château. Benvenuto Cellini a laissé la description détaillée de cette fontaine : elle devait être en bronze, haute de 5 pieds, et former un carré parfait, enlacé de petits escaliers pour monter sur une tour d'argent, d'où s'élançait une statue armée d'une lance, qui représentait le dieu Mars, dont le Roi était la vivante image : quatre statuettes formaient l'encoignure de la tour, la peinture, la sculpture, l'architecture, la musique « dont le Roi était le protecteur. » Il cisela, par les ordres de François Ier, la statue d'Hébé, l'expression la plus pure, la plus suave, de la beauté antique ; l'amphore qu'elle tenait de ses mains, d'une pureté de contours admirable, était incrustée de pierres précieuses. François Ier,

---

(1) Mémoires de Benvenuto Cellini, liv. 1er.

charmé de ces chefs-d'œuvre, témoigna sa joie, sa reconnaissance ; mais la duchesse d'Étampes, qui protégeait trop ouvertement le Primatice, blessa profondément l'amour-propre de Benvenuto Cellini, qui voulut quitter Fontainebleau ; le Roi lui déclara qu'il n'en ferait rien : « Je vous étoufferai dans l'or, et vous vous en irez après si vous voulez (1). » La fierté de l'artiste fut au-dessus de l'amour de l'or. Tandis que le Primatice reproduisait sans cesse la duchesse d'Étampes dans ses décorations de galeries, Benvenuto Cellini, qui détestait la duchesse, avait choisi pour son modèle de prédilection, Diane de Poitiers, sous les traits de Diane chasseresse. Il trouvait dans ce corps quelque chose de parfait, un symbole de l'absolu dans le beau qui ravit les grands artistes : la duchesse d'Étampes, jalouse de Diane, blessa profondément Benvenuto Cellini, qui vint continuer son noble art à Florence (2).

Diane de Poitiers fut spécialement la protectrice, durant toute sa vie d'un art presque perdu,

(1) Le roi François Ier avait pour habitude de donner le revenu des abbayes aux grands artistes ; l'art put louer cette générosité, mais elle altéra les biens sacrés des églises. Voir mon *Eglise au moyen-âge*.

(2) On lui attribue le Persée qui coupe la tête de Médée, dans le palais Pitti.

les belles poteries, et d'un artiste dont le nom glorieux doit survivre à tous les oublis, Bernard Palissy, qui eut à lutter contre la misère, la douleur et la jalousie (1) ; ses poteries furent des chefs-d'œuvre d'un fini aussi parfait que les plus beaux vitraux du moyen-âge.

Lorsqu'on parcourt aujourd'hui les riches et très-rares galeries des amateurs de la Renaissance, on est frappé de l'art merveilleux de ces peintures sur émail qui reproduisent les sujets les plus divers de l'histoire, de la fable et de l'Écriture-Sainte, avec des couleurs si belles, si variées qu'on retrouve difficilement ; le vert glauque de la mer, le rose tendre, le bleu céleste, teintes charmantes inaltérables, qui paraissent aussi brillantes après quatre siècles, que lorsqu'elles furent placées sur l'émail et l'argile. Ces poteries étaient-elles destinées au service de la table ou bien servaient-elles de simple ornement sur des étagères ? Elles

(1) Bernard Palissy était né dans le diocèse d'Agen, en 1501. Sa descendance existe encore inconnue dans un petit village sur les limites du Périgord. Les grandes œuvres de Bernard Palissy appartiennent surtout à l'époque de Catherine de Médicis et au règne de Henri II ; elles sont d'une grande beauté. La si remarquable collection de poteries et d'émaux de M. le baron Seillière, au château de Mello, possède deux assiettes admirables marquées des chiffres de Catherine de Médicis et de Henri II.

avaient l'un et l'autre emplois aux châteaux : on voit dans les tableaux de la Renaissance les dressoirs et armoires tout remplis de ces poteries rangées autour de la salle des festins ; les plats, les assiettes, les vases sont étalés comme ornements. Aux jours des grandes solennités, ils servaient pour l'usage des convives ; les varlets portaient sur ces poteries le faisan, le paon, la hure de sanglier, et dans les Paul Veronèse, les levriers lèchent des plats émaillés de mille couleurs (1). L'aspect d'un festin royal de la Renaissance était magnifique : une large table couverte de statues d'argent, de vases et de coupes ciselés par Benvenuto Cellini ; les mets servis sur les poteries d'émail de Bernard Palissy, égayées par les verreries de mille couleurs que les artistes vénitiens et bohémiens façonnaient en coupes, en amphores.

Les huguenots attaquaient déjà ce luxe, cette magnificence que protégeait Diane de Poitiers ; avec leur haine des images, avec leur austérité de vêtements, ils ne pouvaient souffrir ces joies, ces brillantes expressions de l'art. Avec le triomphe de la réforme, jamais la Renaissance n'aurait donné au monde ses éclatants produits.

(1) Collect. du Louvre.

Diane de Poitiers soulevait la haine du parti protestant, par ce luxe de la vie, cette grâce païenne d'ornementation. D'après les calvinistes, tout l'art devait consister dans des maisons blanches et propres, sans tableaux ni sculptures, où, assis sur des bancs de bois, ils auraient assisté à la lecture de la Bible; un artiste pour eux était un païen, un débauché, amoureux de la forme. Si déjà les huguenots brisaient les statues des saints ou de la Vierge dans les cathédrales, à plus forte raison ils jetaient leur malédiction sur les artistes, qui peignaient dans leurs tableaux passionnés les figures de Diane, de Vénus ou d'Hébé. On s'explique ainsi très-bien la répugnance des artistes pour le calvinisme; un ou deux seulement adoptèrent la réforme : froids sculpteurs, architectes corrects, ils firent des portiques, des escaliers, dessinèrent des allégories; mais la chaleur de la vie païenne leur manquait (1) : leurs œuvres ne parlent jamais aux passions ardentes qui sont l'art.

(1) Sous Henri II, nous parlerons de Jean Goujon.

XXII.

LA RENAISSANCE DANS LES LETTRES. — INFLUENCE DE
DIANE DE POITIERS ET DE LA DUCHESSE D'ÉTAMPES.

1530 — 1545.

Si dans la transformation de l'art du moyen-âge par la Renaissance, le paganisme grec imprima la beauté et la grandeur de la forme à la peinture, à la sculpture, à l'orfévrerie, à l'architecture, en fut-il de même pour ce qu'on a appelé la Renaissance des lettres, dont la gloire est attribuée à François Ier? Cette question est grave, et, à mon sens, ce qu'on a appelé la Renaissance dans les lettres ne fut, à quelque point de vue, qu'une invasion des idées, des formes de l'antiquité dans la langue et la littérature nationales ; car ce serait une erreur de croire que le moyen-âge n'avait pas sa littérature, ses poëtes, ses versificateurs, ses historiens. La Renaissance du XVIe siècle ne fit que substituer un chaos d'érudition à la simplicité de la langue nationale (1), vivante et belle. Elle fut une époque de bizarrerie, une invasion étrangère dans la tradition française.

Au xve siècle, les poëmes de chevalerie vivaient encore dans leur grâce et leur fécondité : ils racontaient des aventures merveilleuses, des féeries, des prouesses extraordinaires. La génération alors les lisait avec avidité ; elle y trouvait son plaisir, sa distraction, ses mœurs, son histoire. Les poésies d'Alain Chartier, de Charles d'Orléans, d'Eustache Deschamps (2) respirent une fraîcheur, une naïveté d'image et d'expression claire et simple. Le pur moyen-âge, l'époque qui produisit les trouvères et les troubadours, le *Roman de la rose*, fut aussi littéraire qu'aucun autre temps ; et, quant à l'histoire, quand elle ne compterait que Froissard, Monstrelet et leurs chroniques sérieuses et charmantes, ce serait suffisant pour grandir et glorifier un siècle : Froissard, tout à la fois ami du vrai et du merveilleux, qui promenait sa riche imagination et son enquête exacte sur les plus

---

(1) Je suis entré dans de grands détails sur la littérature du moyen-âge dans mon *Philippe-Auguste*.

(2) Ces trois poëtes vécurent dans le xive siècle, sous Charles VI. La plupart de leurs poésies sont encore inédites ou mal éditées ; le manuscrit, n° 7219 Biblioth. Impériale, contient les ballades d'Eustache Deschamps.

grands événements, en France, en Angleterre, en Flandre et en Espagne (1) !

Dira-t-on qu'il y a trop de crédulité dans ces épopées historiques, trop de détails minutieux ? mais le merveilleux n'est-il pas ce qui fait vivre l'homme, ce qui fait épanouir son cœur, ce qui enchante son existence. La langue que parle Froissard est simple, facile, intelligible à tous : aucune obscurité dans les mots primitifs et clairs qui expriment les sentiments de l'âme, ou qui racontent les épisodes, les événements avec une ravissante fantaisie.

A toutes ces beautés, qui ont leur origine dans la nationalité française, que substitua la Renaissance ? Pour la langue, un jargon inintelligible, un mélange de grec et de latin obscur, pédant, un bariolage autour de la primitive langue (2), des mots composés introduits dans la grammaire de ce temps qui exigent des commentaires, et qu'on ne peut lire sans le secours

---

(1) La chronique de Froissard n'a besoin ni d'explication ni de commentaires ; je connais un érudit qui a fait sa renommée en promettant depuis 30 ans une édition commentée des grandes chroniques.

(2) On a depuis appelé ce jargon inintelligible le Rabelaisnisme ; il a eu des imitateurs modernes, et particulièrement M. de Balzac ; je n'ai pas à juger ses œuvres d'une cruelle et fatale analyse qui a tué toutes les nobles et saintes illusions.

d'un vocabulaire spécial que les érudits enthousiastes sont forcés de placer à la fin de leur édition. Rabelais fut l'expression la plus vraie de ce langage transformé. Attiré par quelques sommaires de chapitres piquants, le lecteur pénètre dans son livre, et il est bientôt enveloppé de ténèbres et d'allusions grossières; son texte est plus difficile à retenir que la pure langue d'Horace et de Virgile; chaque mot exige une explication dont le sens obscur et enclavé dans le grec et le latin, se développe d'une façon lourde et fastidieuse.

A l'esprit de gracieuse fantaisie ou de vérité naïve du moyen-âge, la Renaissance substitua l'école critique et d'examen qui n'est pas la certitude et la trouble souvent; on eut des commentateurs à l'infini, on voulut tout expliquer par de subtiles interprétations : Scaliger, Vatable, Ramus, Agrippa, Erasme, Oécolampade, cette pléiade de noirs docteurs qu'ont-ils enseigné, qu'ont-ils distrait? Une épopée chevaleresque vous menait dans un monde inconnu, une chronique rapportait les faits à travers les mœurs de la génération; mais que vous révélait un érudit du XVIe siècle dans cette dispute sur les textes qu'avait enfantés la réformation? Alors furent abandonnés les lectures attrayantes : les

Quatre fils Aymon, le *Roman de Pierre de Provence* et de *la Belle Maguelone*, *Jehan de Saintré* et la *Dame des belles cousines*, pour les livres fastidieux de Casaubon ou les dissertations de Vatable. Froissard, Monstrelet furent dédaignés ; on eut les froides histoires ; on se passionna pour les textes de l'antiquité, on pensa moins à la vieille France qu'à la Grèce, à l'Assyrie, à Rome.

L'origine de cette invasion étrangère fut dans l'émigration bysantine (1) qui suivit la prise de Constantinople par les Turcs. A cette époque de faiblesse et de décadence, Constantinople était remplie de rhéteurs et de grammairiens qui, par Venise, inondèrent l'Italie. Si la ville de Constantin (2) était encore grande au xv° siècle par son luxe et son industrie, son génie d'invention dans les arts de la mécanique, elle tombait au bruit des disputes scholastiques dans ses écoles pleines de sophistes et de discoureurs. Venise recueillit les arts, les ouvriers

---

(1) La grande émigration des savants grecs se fit par Venise ; ils vinrent la plupart s'abriter à Rome sous la protection des papes. (Voir Muratori, *Annales*, ann. 1470.)

(2) Constantinople était riche de toute industrie au xv° siècle ; il faut regretter que Gibbon n'ait pas traité ce sujet ; Ducange en a dit à peine un mot dans son admirable livre : *Histoire de Constantinople*.

en soie, en tapis, en verre de couleur, elle abandonna les savants à l'Italie. La République s'occupa même très-peu des manuscrits des bibliothèques, qu'elle abandonna à quelques protes d'imprimerie, les Manuccio. Il n'en fut pas de même de l'Italie qui s'abreuva de grec, de latin, d'hébreu et de syriaque. On s'enthousiasma pour Lascaris, le chef de cette émigration scientifique, et le moyen-âge fut délaissé. On traita de folie l'*Orlando furioso*, et, plus tard, le Tasse fut jeté dans une maison d'aliénés. On eut alors les textes d'Aristote, de Platon, des philosophes de l'école d'Alexandre ; on se perdit en subtilités sur la plus inutile des sciences, la philosophie résumée en aphorisme d'enseignement. Ce fut la Renaissance qui créa cette classe d'érudits qui vécurent sur les textes comme les vieilles chenilles sur les feuilles, rongeant les pensions du roi, tandis que les poëtes, les écrivains qui immortalisaient le pays, étaient dans toutes les privations de la vie. Oui, il fallait accueillir les ouvriers bysantins qui portaient l'art de tisser la soie et l'or, le secret du feu grégeois et des machines hydrauliques ; mais ces rêveurs de scholastiques à quoi pouvaient-ils servir? Grandir les subtilités d'un peuple, c'est avancer sa ruine morale, et les Grecs de

Bysance eux-mêmes en avaient donné l'exemple. Ce furent des explications de textes qui, multipliées à l'infini, se transformèrent en disputes d'école ; et ces disputes, à leur tour, produisirent la guerre civile du xvie siècle. Le heurtement des doctrines aboutit tôt ou tard aux batailles sanglantes, et l'esprit de critique eut son couronnement dans la guerre civile. Nul ne pouvait nier la beauté des œuvres antiques ; mais ces beautés exclusivement grecques, transportées sur une terre étrangère, devaient altérer l'essor du génie national, comme une invasion étrangère opprime un pays. Il n'est pas vrai que la France alors fut barbare : elle avait sa langue, son génie, sa littérature ; ce qu'on appelle la Renaissance fut l'oppression de ce génie même par la scholastique bysantine.

Le merveilleux, qui ne meurt jamais chez un peuple, subit même une triste transformation : comparez les charmantes féeries des romans et des épopées du moyen-âge avec *les centuries* de Nostradamus. Le savant est crédule aussi ; mais il est obscur, ennuyeux. Ce qu'on appelle les érudits disputeurs ne grandirent pas la vérité, seulement ils la rendirent invisible par la pesanteur de leur forme ; ils changèrent la féerie en devination et le merveilleux en crédulité pedante (1).

Aussi le temps a fait justice de ces scholastiques : que reste-t-il, je le répète, de Casaubon, de Vatable, de Oécolampade, de Scaliger, est-il possible de les lire tous sans un immense ennui et le sentiment de leur inutilité? Tandis que Froissard, Philippe de Commines, Monstrelet se lisent et se liront toujours avec un charme particulier tant que vivra la langue française. Combien donc eut raison Diane de Poitiers d'aimer, de protéger la littérature du moyen-âge, les chevaleresques débris de ces temps poétiques. Au contraire, la duchesse d'Etampes, dominée par les érudits de la Renaissance, engagea le roi à fonder cette institution qui fut depuis appelée le *Collége de France* (2), d'abord simple collége de langue, d'enseignement de l'hébreu, du grec, du syriaque, pour lesquels on instituait des chaires spéciales. Il y avait ici un but d'utilité ; le mal fut de donner trop d'importance à ces travaux d'érudition sur des textes qui changèrent l'esprit et les tendances de la littérature du moyen-âge. La Renais-

(1) *Les Centuries* de Nostrodamus. Aix, 1580 ; ils ont eu 20 éditions au XVIe siècle.
(2) Le Collége de France fut fondé après la paix de Cambrai.

sance eut pour résultat définitif de créer le doute dans l'explication des livres saints, de remplacer l'autorité par l'incertitude, la simplicité, la naïveté historiques par des travaux où un docte esprit de parti remplaça la vérité des chroniques. De Thou détrôna Froissard, la poésie quitta les habits des trouvères et des troubadours pour des robes d'emprunt grecques et romaines.

Tandis que Diane de Poitiers protégeait plus spécialement la réimpression des romans de chevalerie, image de l'ancien caractère français, et qu'elle faisait accepter par le roi la dédicace d'*Amadis des Gaules* (1), la duchesse d'Etampes laissait mettre son nom à la tête des psaumes de Luther et de Calvin. Diane voulait une France revêtue d'armures brillantes, le casque à plumes flottantes, la cotte de mailles d'argent; la duchesse d'Etampes la plaçait sous la calotte doctorale. L'une la faisait assister aux tournois, aux belles fêtes de la chevalerie; l'autre la faisait asseoir sur les bancs de l'école, avide de la parole des docteurs. Et cependant plus que jamais la France avait besoin de son attitude guerrière !

(1) La Biblioth. Impér. possède un bel exemplaire de l'*Amadis des Gaules*, avec une dédicace au roi François Ier. (Fonds réservés.)

XXIII

MODIFICATION DE LA DIPLOMATIE DU MOYEN-AGE. — ALLIANCE POLITIQUE DE FRANÇOIS Ier AVEC LA PORTE OTTOMANE ET LES LUTHÉRIENS.

1540—1547.

Le traité de Cambrai, bien qu'il eût modifié sous quelques points de vue les conditions inflexibles de la convention de Madrid, était encore trop dur pour les forces relatives qu'il laissait à la France ; il était donc dans la nature des choses que François Ier cherchât tous les moyens de secouer cette situation humiliante pour un pays si robuste encore, soit par une nouvelle guerre, soit par des alliances politiques qui lui feraient regagner le terrain perdu. L'influence de la duchesse d'Etampes, en détournant le roi des idées et des conditions du moyen-âge, l'avait rendu plus facile sur les moyens de trouver des alliés au dehors et des forces nouvelles dans sa politique.

Depuis la croisade jusqu'au XVe siècle, l'union des princes chrétiens contre les infidèles dominait les alliances politiques, et la chrétienté tout entière s'était ébranlée pour se jeter sur l'Orient (1). Sous François 1er, cette opinion s'altérant, le roi de France osa appeler à son aide la puissance ottomane, chose étrange et nouvelle. On n'avait pas d'exemple d'une telle hardiesse, et les chroniques de la croisade parlent avec indignation des tentatives de l'empereur Frédéric II pour essayer un traité d'alliance avec les soudans et les émirs de l'Égypte et de la Syrie (2).

Dans la situation difficile où se trouvait François Ier, sous cette étreinte de traités inflexibles, il tourna les yeux vers la puissance conquérante des Ottomans, qui avait pour grand ennemi Charles-Quint. Et comme si ce n'était pas assez, le Roi tendit également la main aux princes luthériens d'Allemagne, résolution au moins aussi hardie dans les idées du temps. Qui ne sait l'indignation qu'inspirait l'hérésie à l'époque croyante ? Les chroniques rappelaient la cruelle guerre des Albigeois (3) : une croisade s'était formée contre eux, et l'on avait vu les féodaux du Parisis, de la Normandie, de la Brie et de la

---

(1) Voir mon *Philippe-Auguste*, sur la croisade en Orient.
(2) La vie de Frédéric Barberousse, qui régna de 1485 à 1191, a été recueillie dans la chronique d'Othon de Fresingue.
(3) Sur la guerre des Albigeois, on peut consulter la chronique de Pierre de Vaulxcernai, ad. ann. 1220.

Champagne s'élancer sur les belles terres du Midi, et s'emparer des fiefs de Toulouse, Montpellier, Alby et Carcassonne. L'Eglise pardonnait beaucoup aux féodaux : la joie des festins, les mœurs faciles avec les châtelaines du Midi ; mais un pacte avec les infidèles ou les hérétiques était une acte en dehors de la civilisation et des mœurs de la société.

La politique hardie de François Ier changea toutes ces idées (1) ; tandis que les armées ottomanes menaçaient la Hongrie, il signait une alliance avec la sublime Porte, afin de lutter, aidé de ces forces immenses, contre son ennemi le plus acharné. Le Roi ne vit dans les Turcs que des auxiliaires pour seconder sa résistance à la monarchie universelle de Charles-Quint : cette alliance avec Soliman, le roi de France n'osa point d'abord l'avouer ; elle fut tenue secrète, car elle aurait suscité mille indignations dans la chrétienté menacée.

Ce qui fit la grandeur de Charles-Quint, ce fut l'universalité de sa pensée ; il n'en dévia jamais : il avait compris que, pour reconstituer l'empire de Charlemagne, le premier gage qu'il

---

(1) François Ier sentait si bien la hardiesse de sa démarche, qu'il s'en justifia personnellement dans une lettre particulière. *Litt. Francisc. I. apud Freher*, t. III, *Rerum Germanii.*

devait donner à la politique, c'était l'expulsion des Turcs de l'Europe. Il voulut donc s'assimiler toutes les forces, apaiser cette sorte de guerre civile que les opinions nouvelles suscitaient dans la chrétienté, et à l'aide de cette fraternité de tous les peuples chrétiens, arriver à la reconstitution de l'Empire.

Il y avait au fond du cœur de Charles-Quint sans doute une pensée d'ambition et de grandeur personnelle, et la couronne de Charlemagne était son but; mais toute pensée universelle est par cela même un progrès dans l'histoire de l'humanité. François Ier, au contraire, soit par nécessité, soit par les tendances même de son caractère, divisa les opinions, les intérêts de l'Europe autant qu'il le put; il traita directement avec les Turcs, que Charles-Quint voulait expulser de l'Europe; il les appela pour ainsi dire dans le cœur de l'Allemagne, sur les côtes de la Méditerranée, en Italie; il tendit la main aux pirates, aux barbaresques sur les côtes d'Afrique, d'où ils menaçaient l'Espagne et la Provence; il ne recula pas devant un système de subsides et de tribut payés aux barbares. Charles-Quint suivit une politique contraire; après ses victoires d'Afrique, il signa un traité de délivrance pour tous les esclaves chrétiens qui allèrent proclamer la splendeur de son nom en Europe.

Le roi François Ier agit avec hardiesse auprès des électeurs protestants de l'Allemagne : il signa la ligue de Smalkalde contre l'empereur Charles-Quint, origine du morcellement de l'Allemagne, et qui la rendit impuissante pendant un siècle (1) ; la ligue de Smalkalde créait cette anarchie qui se transforma plus tard en fédération, toujours indécise, si lourde à se mouvoir; les luthériens firent bien quelques démonstrations insignifiantes contre l'invasion des Turcs dans la Hongrie et l'Autriche, mais l'Allemagne fut absorbée dans sa propre guerre civile d'Etats à Etats.

Cette politique de François Ier fut dénoncée à l'Europe chrétienne par Charles-Quint ; c'était une belle époque pour l'Empereur ; il venait de signer son traité avec Muley-Assan. Le roi maure de Tunis, en se déclarant le vassal de l'Espagne, délivrait vingt mille esclaves chrétiens que Charles-Quint fit revêtir de riches habits avant de les rendre à leur patrie. Fran-

---

(1) La ligue de Smalkalde fut signée le 5 février 1531. Voyez Sleidan, *Comment.* lib. vii. Le principal instigateur avait été Jean-Frédéric, électeur de Saxe. Les catholiques signèrent la ligue d'Augsbourg.

çois Ier prenait parti, au contraire, pour les Turcs et les luthériens ?

Ce fut alors que, pour se justifier, le roi de France crut essentiel de laisser le cours de la justice s'accomplir à l'égard des opinions nouvelles qui pénétraient dans les écoles et les universités (1). Pour s'expliquer le système de répression des calvinistes par le Parlement et le Châtelet, il faut se rappeler qu'en France l'inquisition n'avait pas été admise comme elle l'était en Espagne : l'inquisition, sorte de jury, constatait l'hérésie, et la main séculière ensuite appliquait la peine prononcée par les vieux édits de Ferdinand et d'Isabelle.

En France, la Sorbonne jugeait la doctrine, constatait l'hérésie ; le Châtelet, pouvoir de police, faisait l'enquête, et le Parlement prononçait l'arrêt. Le roi intervenait rarement dans ces sortes de procès, et il fut presque toujours enclin à faire grâce, témoin les vers si pleins de reconnaissance de Clément Marot, adressés à la duchesse d'Étampes, la protectrice des Huguenots. Et pour les esprits sérieux et politiques, j'oserai examiner une question grave, à savoir

(1) J'en ai recueilli et publié les preuves dans mon *Histoire de la Réforme.*

si le refus d'admettre l'inquisition en France ne fut pas une faute considérable de la part des rois. Il faut prendre les opinions d'un siècle dans les conditions qu'elles se produisent : le catholicisme alors était la doctrine gouvernementale, il constituait l'unité : admettre une autre doctrine, c'était briser cette unité qui est la force des pouvoirs, et la preuve en est qu'un siècle de guerre civile fut légué à la France et à l'Allemagne par la réformation.

Au contraire, l'Espagne du XVIe siècle grandit dans sa magnificence, grâce à l'unité des doctrines que protégeait l'inquisition ; au milieu des périls que créait la présence des maures, des juifs, des faux chrétiens, l'Espagne ne développait ses forces que par la surveillance attentive et les moyens répressifs ; tous les pouvoirs forts et menacés qui veulent sauver un pays ont besoin de ces deux forces : la police et la répression. Les deux comités de *salut public* et de *sûreté générale* sous la Convention nationale ne furent que les formes de l'inquisition appliquée à la politique ; or, au moyen-âge, le catholicisme c'était le gouvernement ; si bien que, jusqu'à ce qu'un droit public nouveau se fût formé au XVIIIe siècle, la guerre européenne et civile eut pour principe le catholicisme et la réforme. La vieille Espagne découvrait un nouveau monde, arrêtait les conquêtes des Turcs à Lépante, jetait à flots d'or sa poésie, ses drames, ses artistes en vertu de sa force, de son unité, de son repos maintenus, par l'inquisition (1).

L'attitude même prise par François Ier, la protection accordée au parti luthérien par Marguerite sa sœur, amena en France l'organisation plus serrée du parti catholique, et dès ce moment il entoura fortement la haute famille des Guise. Si la duchesse d'Etampes protégeait le prêche, les poëtes tels que Marot, les universitaires commentateurs de la Bible ; les Guises avec Diane de Poitiers adoptèrent le parti contraire, et alors se développa le jeune amour du duc d'Orléans, presque enfant, pour Diane de Poitiers ; le second fils du roi, en adopta publiquement les couleurs ; le chiffre de Diane fut brodé sur ses armures : il devint presque chef de parti, et il fut question pour la première fois de son mariage avec Catherine de Médicis.

(1) Calderon, Lopèz de Vega, Cervantes, Murillo, s'honoraient du titre de familiers de l'Inquisition.

XXIV

LA JEUNE CATHERINE DE MÉDICIS. — LA COUR DE FRANÇOIS Ier.

1530 — 1535.

L'Italie était définitivement perdue pour la France en vertu de deux traités solennels, et il semblait que tout espoir fut enlevé au roi François Ier de recouvrer jamais cette terre de sa prédilection ; toutefois ce droit qu'il ne pouvait plus réclamer directement, il cherchait à l'obtenir par des alliances intimes et des mariages politiques. François Ier avait secondé de tous ses efforts le pape Clément VIII (de la famille des Médicis), et le souverain Pontife avait caressé la pensée d'un projet de mariage entre sa propre nièce Catherine de Médicis et un des fils du roi de France, le jeune duc d'Orléans, le chevalier courtois de Diane de Poitiers (1).

Les Médicis étaient d'une puissante race,

(1) Correspondance des cardinaux Grammont et de Tournon, négociateurs du mariage, 24 janvier 1533.

d'une illustration, toute personnelle, petits-fils de simples marchands de laines et de soie. Or, s'allier au roi de France était pour eux un grand honneur. François Ier, à son tour, trouvait dans ce mariage un principe d'influences personnelles en Italie. Indépendamment de sa dot en ducats d'or, Catherine de Médicis apportait comme héritage le duché d'Urbino, et comme éventualité, même le grand-duché de Toscane; et, ce qui était plus considérable encore pour le roi de France, ses prétentions sur Reggio, Modène, Pise, Livourne, Parme et Plaisance. Le chroniqueur Martin du Bellay, en récapitulant ainsi les avantages considérables qu'apportait la princesse italienne, raconte que, lorsque les trésoriers de France se plaignirent au maréchal Strozzi de l'exiguité de la dot, le maréchal répondit : « Oui, la dot est petite, l'argent est d'un poids léger; mais vous oubliez que madame Catherine apporte en plus, trois bagues d'un prix inestimable, la seigneurie de Gênes, le duché de Milan, le royaume de Naples. » Paroles qui ne peuvent être prises que dans un sens figuré et comme une espérance, car Catherine de Médicis n'avait aucun droit légal, sérieux sur ces seigneuries; seulement le maréchal voulait dire que, par cette alliance avec le pape et les Médicis, François Ier reprenait moralement sa situation en Italie, et qu'il y retrouvait toutes les prétentions des Valois(1).

Aussi Charles-Quint, profondément affecté de ce mariage, fit tous ses efforts pour l'empêcher ; puis, il voulut opposer les Sforza aux Médicis, et donna lui-même une de ses nièces à ce vigoureux condottieri du Milanais : François Sforza appartenait à une famille également issue de sa propre fortune. L'Empereur se tourna vers le duc de Savoie, ce gardien des Alpes, et lui offrit aussi une alliance de famille : Charles-Quint voyait bien que François Ier n'avait pas abandonné ses belles illusions sur l'Italie, et que le dernier mariage tendait à les réaliser (2). Il voulut donc y mettre obstacle.

Catherine de Médicis à Fontainebleau, c'était comme l'Italie tendant les bras à la France; le pape devenait l'allié du roi, comme on voit sur la grande mosaïque de Rome le pape Adrien tendant la main à Charlemagne. François Ier

---

(1) Le pape et François Ier s'étaient vus à Marseille. Comparez Dubellay, liv. IV, et Belcarius, liv. XV, n° 48 : j'ai donné beaucoup de détails dans mon livre sur *Catherine de Médicis*.

(2) Sur la politique de Charle-Quint en Italie, Guichardin est fort curieux liv. XX.

souriait à l'Italie comme à un souvenir de ses belles et premières années. Toutefois, la situation personnelle de Catherine de Médicis à cette nouvelle cour devenait d'une extrême délicatesse. La jeune Florentine trouvait le duc d'Orléans en plein amour avec Diane de Poitiers, et, chose étrange, Catherine de Médicis, qui avait dix-huit ans à peine, se trouvait en rivalité avec une maîtresse de plus de trente-cinq ans, si belle pourtant, qu'on croyait, je le répète, que la magie seule avait pu conserver ces traits inaltérables, cette fraîcheur de jeunesse qui faisait l'admiration de maître El Rosso et du Primatice.

Avec une habileté qui tenait de sa nature italienne, Catherine de Médicis ne heurta nullement cette situation ; elle ne manifesta ni dépit ni colère, elle avait subi à Florence d'autres spectacles ; elle s'était habituée à ces doubles amours, à ces sentiments partagés. Étrangère en France, jetée au milieu d'un monde inconnu, son but fut de plaire à chacun, de s'associer aux plaisirs d'une cour charmante, d'y créer des distractions nouvelles à l'italienne, de se faire aimer surtout de François Ier, déjà maladif, et qu'une vieillesse prématurée menaçait autant dans son ambition que dans ses plaisirs ; le Roi partageait sa vie entre Fontainebleau, Amboise et Saint-Germain. Catherine de Médicis le suivait partout, sans se prononcer dans ses préférences entre Diane de Poitiers et la duchesse d'Étampes, se contentant de leur sourire à toutes deux, de se faire à elle-même une cour particulière dans cette cour générale, où chacun devait avoir sa dame et son amour. Brantôme, plein des souvenirs de cette époque, raconte dans son naïf langage que le Roi « voulait fort que tous les gentilshommes se fissent des maîtresses, et s'ils ne s'en faisaient, il les estimait mal et sot, et bien souvent aux uns et aux autres, il leur en demandait les noms et promettait de leur dire du bien et de les servir (1). »

Telle était, au reste, la loi de la chevalerie, les dames étaient les pensées, la préoccupation de tous les gentilshommes ; seulement à l'époque de François Ier, les idées payennes et artistiques s'étaient introduites à la cour ; il ne n'agissait plus toujours de la fidélité inaltérable, du culte religieux du chevalier pour sa dame, comme dans le roman d'Amadis. Ces dames elles-mêmes passaient d'un amour à un autre, et selon Brantôme encore, « la duchesse d'Étampes ne

---

(1) Brantôme, *Les Dames galantes.*

gardait pas grande fidélité au Roi, ainsi qu'est le naturel des dames, qui ont fait autrefois profession d'amour. » Le Roi semblait s'y résigner, et tout jeune homme n'avait-il pas écrit ces vers sur un vitrail.

> Souvent femme varie,
> Et bien fol qui s'y fie.

Brantôme cite un nom ou deux parmi les amants de la duchesse d'Étampes, mais Brantôme est une de ces charmantes mauvaises langues qu'on écoute plaisamment sans les croire toujours (1). Le parler d'ailleurs à cette époque était plus libre que les mœurs n'étaient mauvaises ; il ne gardait ni voile ni draperie ; le nu conserve sa chasteté, témoin la Vénus antique. A cette cour qui parlait la langue de Boccace, il y avait respect pour les dames à côté des récits d'amour. « Le Roi, continue Brantôme, faisait bien mieux de recevoir une si honnête troupe de dames et de demoiselles dans sa cour que de suivre les errements des anciens rois du temps passé, qui se faisaient accompagner par des

---

(1) J'aime Brantôme, mais il est impossible de se fier à ses récits ; il parle toujours par des ouï dire, et les aventures scandaleuses ont besoin d'autres témoignages pour passer dans l'histoire.

femmes de mauvaise vie (1). » Brantôme se sert d'une expression plus hardie et plus naïve qu'il serait difficile de rapporter.

Catherine de Médicis sut ardemment plaire à la cour, avide de plaisirs nouveaux : à cheval dans les bois, toujours en selle aux chasses du Roi, elle inventa des étriers d'une forme élégante, qui laissaient voir la plus jolie jambe du monde ; placée entre Diane de Poitiers et la duchesse d'Étampes, elle leur donnait l'exemple du courage sur des haquenées fougueuses ; chaque rendez-vous de chasse offrit une fête à la florentine, ou une soirée à la vénitienne ; doux souvenir de l'Italie. Il y eut des représentations scéniques, des spectacles, où les feux se mêlèrent à l'eau ; des chanteurs à la voix douce, ravissaient la cour. Catherine, fort liée avec le Primatice et Bennevuto Cellini, attira après eux tout ce que l'Italie avait d'artistes pour embellir les fêtes : les jardins furent ornés comme des décors de théâtre ; on enlaça des chiffres d'amour dans la Salamandre, symbole de François Ier. On trouve quelques-unes de ces Salamandres parsemées

---

(1) Je n'ai trouvé qu'un seul document (sous Charles VII), qui constate la présence de femmes impudiques auprès des rois ; mais c'était à la guerre et peut-être dans le désordre des camps. Brantôme parle encore par *ouï-dire*.

sur les châteaux d'Amboise et de Blois; une seule, pauvre délaissée, est encore aux flancs d'une pierre rongée sous une porte basse dans la cour de Fontainebleau (1); nul ne la remarque dans cette royale demeure, dans ces jardins solitaires que le Primatice a dessinés.

(1) La Salamandre se trouve sur l'aile des bâtiments de la troisième cour à gauche; la porte est presqu'en ruine.

XXV

LA FRANCE ENVAHIE UNE SECONDE FOIS PAR CHARLES-QUINT.
LA TRÈVE DE DIX ANS.

1536—1538.

L'irritation profonde que l'empereur Charles-Quint manifestait dans toutes les occasions contre la déloyauté du Roi de France, devait à la fin éclater par la guerre sérieuse sur une grande échelle ; le territoire de la monarchie fut bientôt envahi par ses extrémités : la Provence et la Picardie, car l'immense empire de Charles-Quint, enlaçait toutes les terres de France, comme dans de fortes tenailles, par l'Espagne, les Flandres et la Franche-Comté, tandis que la défection du duc de Savoie lui livrait les Alpes. Charles-Quint paraissait si sûr de la victoire et de la conquête, qu'il avait dit à son historien Paul Jove (1), « de le suivre sous

---

(1) Paolo Giovo ; il était né le 19 avril 1483 ; son livre, très-remarquable, porte le titre : *Historiarum sui temporis ab ann. 1494 ad ann 1544*, libri XLV. L'édition princeps est de Florence, 2 vol. in-f°, 1550.

sa tente, et de tailler sa plume parce qu'il aurait bientôt de la grande besogne. » Etrange historien que Paul Jove, faisant et defaisant les renommées au milieu de sa villa splendide du lac de Como, bâtie sur les ruines du palais de Pline, entouré de portraits des hommes illustres dont il écrivait la vie avec l'histoire de son temps; on l'accusait de corruption, il acceptait des présents de toutes mains, il vivait grandement, dans les banquets parmi les courtisanes, recevant des chaînes d'or, des sacs de ducats de tous ceux dont il faisait l'éloge. Triste coutume alors admise que cette corruption ! temoin l'Arétin, le cynique entre tous, qui fit même sur Paul Jove plus d'une épigramme (1).

Ce fut un triste temps pour la Provence, que celui de l'invasion des Allemands et des Espagnols sous Charles-Quint ; toutes ces terres aimées du soleil, depuis Nice jusqu'à Toulon furent couvertes de reîtres, de lansquenets, de bandes italiennes et savoyardes, qui dévastèrent les grandes cités : Aix, la capitale du roi Réné, Arles et Tarascon. Marseille résista une

---

(1) La plus dure épigramme de l'Aretin sur Paolo Giovo, est son épitaphe :

Qui giace Paolo Giovo ermafrodito
Quel vuol dire in vulgar moglie et marito.

fois encore ; le capitaine de ses galères du nom de Paulin ou Paul, arma tous ses habitants, plaça ses canons sur les murailles et refusa de capituler. Cette résistance donna le temps à l'armée de François Ier de s'avancer jusqu'à Avignon. Le Roi avait vu que le péril était en Provence ; il avait appelé à son aide les forces turques, et déjà les galères au pavillon ottoman arrivaient dans le port de Marseille. La défense de la Picardie fut confiée au duc de Guise ; le danger s'accroissait, car des corps de cavalerie flamande s'étaient avancés jusqu'à Compiègne. Le duc de Guise, si grand capitaine, préserva Paris d'une invasion (1).

L'armée que conduisait le Roi depuis Lyon jusqu'à Avignon, (2) était bien l'image de la vive cour de François Ier ; pleine d'ardeur et de courage, elle gardait néanmoins cette légèreté de caractère, cet esprit de folle galanterie qui ne l'abandonna jamais, et dont le Roi donnait l'exemple : c'est ce qui faisait dire au maréchal

---

(1) Sur cette campagne de 1536, voyez le *Mémoire de* LANGEY, lib. VI, et Paul Jove lui-même très-favorable à l'empereur Charles-Quint.

(2) Un premier camp retranché avait été établi entre Valence et Avignon (Voyez Belcarius, liv. XXI, n° 48) : le connétable de Montmorency le commandait.

de Tavannes : « Charles-Quint voit les femmes quand il n'a plus d'affaires, le Roi voit les affaires quand il n'a plus de femmes. » François Ier, en effet, conduisait avec lui la duchesse d'Étampes ; le dauphin jouait à la paume avec sa belle maîtresse, la marquise de l'Estrange, et le duc d'Orléans, le second fils du Roi, avait sous sa tente Diane de Poitiers : il résultait de cette vie licencieuse, un certain désordre dans la marche des troupes ; nul ne pouvait contester le courage de cette chevalerie, mais l'indiscipline était partout. En pleine route, on jouait, on ballait, on donnait des tournois, des passes d'armes avec la joie la plus franche, la plus folle ; on répétait les grandes actions des héros de chevalerie, si bien que Lanoue dit : « Si quelqu'un eut voulu blâmer les Amadis, je crois qu'on lui aurait craché au visage. »

Tout à coup une triste nouvelle se répandit dans le camp ! le dauphin tomba malade avec la rapidité de la foudre, il mourut le jour même dans les bras de son père. Quelle fut la cause de cette mort subite, de ce trépassement d'un tout jeune homme ? Il fut dit bien des suppositions : on parla d'un empoisonnement, par quelle main ? Il fut fait un procès criminel ; Montécuculi condamné à mort pour cet affreux événement, était-il coupable ? le dauphin trempé de sueur avait pris un verre d'eau glacée, puisé au ruisseau de la fontaine de Vaucluse, il s'était alité pour ne plus se relever ! La crudité de cette eau des Alpes n'avait-elle pas produit l'effet d'un poison ? était-il besoin des trames de l'Espagne (1) pour amener les tristes effets d'une pleurésie ? Le dauphin était fort aimé : le maréchal de Montmorency écrivait de lui « ne vistes oncque, homme à qui le harnais fut plus séant que à lui. » Il fut pleuré longtemps après sa mort, et Malherbe, dans une triste élégie, rappelle le souvenir de cette mort (2).

> François, quand la Castille, inégale à ses armes,
>   Lui vola son dauphin,
> Semblait d'un si grand coup devoir jeter des larmes
>   Qui n'eussent jamais fin ;
> Il les sécha pourtant, et comme un autre Alcide,
>   Contre fortune instruit,
> Fit qu'à ses ennemis, d'un acte si perfide
>   La honte fut le fruit.
> Leur camp que la Durance avait presque tarie
>   De bataillons épais,
> Entendant sa constance, eut peur de sa furie
>   Et demanda la paix.

Le poëte Malherbe ne parlait que par la tradition, il n'avait vu ni les hommes ni les événe-

---

(1) Sleidan, *Commentaires*, liv, x.
(2) Malherbe, *Stances à Du Perrier*, strophe 77.

ments du règne de François Ier : le procès poursuivi contre Montécuculi, jugé et condamné pour l'empoisonnement du dauphin (1), comme agent de l'Empereur, ne constatait qu'un résultat, la volonté de jeter un grand odieux sur la personne de Charles-Quint, et de l'accuser d'un crime, au milieu de ses conquêtes.

A ce moment la politique de François Ier, soulevait une irritation profonde dans toute la chrétienté menacée par les sultans ; non-seulement le Roi avait fait une alliance secrète avec le Turc, mais encore il avait attiré, secondé ses entreprises, en Italie, en Allemagne, afin d'amener un contre-poids à la domination universelle de Charles-Quint. Dans le droit public de l'école moderne, une telle politique eut été habile, justifiée ; mais au sortir du moyen-âge, elle était comme un sacrilége : ainsi il était avéré que dans l'expédition de Provence, c'était moins le camp d'Avignon, la marche des Français sur le bord du Rhône, qui avaient déterminé la retraite des flottes et des troupes de Charles-Quint que la nouvelle reçue par l'Empereur, que les Turcs et les Arabes d'Afrique se préparaient à débar-

---

(1) Montecuculi fut écartelé à Lyon. L'arrêt s'appuie sur l'empoisonnement. (Voyez les mémoires de Du Bellay, liv. VIII, comparez avec Sleidan, liv. X.)

quer sur les côtes de Gibraltar et à soulever les maures si nombreux encore en Espagne : Charles-Quint, à l'exemple de Ferdinand et d'Isabelle, avait été d'une indulgence extrême pour les Maures qui restaient maîtres, par le commerce et leurs richesses, des grandes cités de l'Andalousie : Cordoue, Séville, Grenade, et des magnifiques huertas du royaume de Valence. Pour contenir les Maures et sauver l'Espagne d'un soulèvement, il fallut plus tard la politique sévère de Philippe II et l'inflexible justice de l'inquisition. François Ier, en s'alliant avec le sultan, mettait en péril la sûreté de l'Espagne et de l'Italie (1).

Dans ces circontances difficiles le pape Paul III voulut préserver la chrétienté, en apaisant la haine profonde qui séparait Charles-Quint de François Ier. La situation s'était un peu modifiée depuis la mort du dauphin ; le second fils du roi, Henri, sous l'influence de Diane de Poitiers, était plus favorable à l'unité catholique, et dauphin de France à son tour, il devait exercer une plus forte action sur la politique du roi. Si le pape n'espérait pas une paix définitive, il

---

(1) Khair Eddyn Barberousse avait débarqué dans le royaume de Naples, et Soliman envahissait la Hongrie (1537).

pouvait obtenir une trêve suffisante pour repousser l'invasion des sultans. Paul III proposait donc les conditions suivantes (1) : 1° mariage du troisième fils du roi (devenu duc d'Orléans, depuis que le duc d'Orléans était dauphin) avec Marguerite, nièce de Charles-Quint, fille du roi des Romains (elle apporterait en dot le Milanais sous l'hommage à l'empire); 2° confirmation du traité de Madrid et de Cambrai; 3° engagement souscrit par François Ier, sur sa parole de chevalier, de réunir toutes ses forces pour une croisade contre le Turc; 4° renonciation loyale du roi de France à toutes les brigues et ligues conclues et suivies avec les princes luthériens de l'Allemagne. Moyennant ces conditions acceptées, on signait, non pas une paix définitive, mais une trêve de dix ans (2).

Par ce traité ou trêve, le troisième fils du roi, duc d'Orléans, devenait duc de Milan. Pour s'expliquer cette faveur subite qui entourait le duc d'Orléans, on doit dire qu'un parti dirigé par la duchesse d'Étampes, entourait ce jeune prince pour l'opposer au dauphin, lié à la poli-

---

(1) Sur ces négociations, voyez les mémoires de Du Bellay, liv. VIII.

(2) Cette négociation fut protégée par la reine Éléonore, la propre femme de François Ier, et la sœur de Charles-Quint, (dépêche du mois de janvier, 1538).

tique des Guises et de Diane de Poitiers : le duc d'Orléans devenait ainsi neveu de l'empereur, vassal du saint-empire, et avec cette protection, il pouvait lutter contre la domination du dauphin et la prépondérance de Diane. On laissait dans l'indécision les droits de Catherine de Médicis; et c'était une singulière position qu'on avait faite à cette jeune femme, qui devait exercer plus tard une si grande action sur les affaires. En ce moment, elle s'annulait comme influence politique : Devenue dauphine de France, héritière de la couronne, elle laissait toute sa puissance à Diane de Poitiers; il semblait qu'avec sa prescience italienne, elle devinait que le temps n'était pas arrivé pour elle, et qu'il fallait cacher sous l'amour des plaisirs et des distractions, des projets de domination dans l'avenir. Ces sortes de caractères se rencontrent dans l'histoire ; il ne faut pas toujours croire que la légèreté des formes soit une abdication absolue de l'ambition individuelle; dans les mascarades chacun avait son déguisement, et Catherine cachait le sceptre sous les grelots de la folie (1).

Le pape Paul III qui mettait un si haut in-

---

(1) Voir ma *Catherine de Médicise*.

térêt à régler les conditions de la trêve, se rendit de Rome à Nice pour se placer dans une sorte de pays neutre, d'où il pourrait négocier librement. Comme il craignait que l'entrevue personnelle entre deux princes, si profondément irrités, ne leur fît encore porter une fois la main sur la garde de leur épée et n'aboutît qu'à un nouveau cartel, le pape exigea que François Ier se tint du côté de la France dans le petit village de Villananova à une lieue de Nice, tandis que Charles-Quint résiderait du côté du Piémont, à Villa-Franca : le souverain pontife, quoique accablé par les années, se rendait d'un village à l'autre, portant des paroles de conciliation aux deux princes, afin d'aboutir à l'apaisement de leurs griefs, œuvre difficile. Ce fut ainsi que par sa douceur et sa patience, le pape Paul III amena la trêve de dix ans, si désirée : il fit taire les irritations violentes dans le cœur de deux princes qui avaient juré de se venger ; il leur révéla les puissants intérêts de la chrétienté menacés par les invasions des Turcs et par les prédications du luthéranisme, les deux faits subversifs qui ébranlaient tout le droit public du moyen-âge (1).

(1) Le traité pour la trêve est du 18 juin 1538.

XXVI

CHARLES-QUINT A PARIS. — LA DUCHESSE D'ÉTAMPES. —
LES FOUS TRIBOULET ET BRUSQUET.

1538—1540.

La trêve à peine signée, François Ier vint résider au château de Compiègne, demeure royale située au nord de ses domaines, vieille forêt des rois francs Mérovingiens. Durant sa dernière campagne, le Roi souffrant et maladif avait été obligé de s'aliter : Quelques récits de Brantôme ont donné lieu à d'autres légendes, elles disent : « que le roi fut atteint du mal de Naples, et qu'un mari trompé se vengea cruellement (1); » on a même supposé dans cette légende scandaleuse, que ce mari était celui de la belle Féronnière. J'ai prouvé que cet amour du Roi pour la Féronnière, se rattachait à la première période du règne, à l'époque artistique de Léonard de Vinci. Ainsi, la légende scandaleuse se modifierait singulièrement : pourquoi supposer une

(1) Je dois dire que Du Bellay le rapporte, *Mémoires*, liv. II.

cause libertine à une maladie qui put être le résultat des fatigues, des tristesses et des déceptions : faut-il croire toujours Brantôme, vieux conteur de scandales ?

Dans le château de Compiègne, à peine relevé de ses souffrances, François Ier reçut la nouvelle d'une demande inattendue qui vint surprendre et embarrasser son conseil ; l'empereur Charles-Quint annonçait que les Gantois, ces hardis flamands venaient de se révolter, qu'il était à craindre que la plupart des villes de Flandres ne suivissent cet exemple : l'Empereur demandait donc à son frère un sauf-conduit pour traverser la France, afin de plus facilement réprimer la révolte des cités. François Ier était informé de cette révolte, car les Gantois s'étaient adressés à lui pour demander concours et appui, comme ils avaient fait autrefois sous Louis XI (le vieux rusé s'était bien donné garde de refuser, quand il s'agissait d'abaisser l'orgueil de son puissant vassal le duc de Bourgogne), François Ier, qui venait de signer la trêve de dix ans, ne voulait pas suivre l'exemple de cette politique ; toutefois la lettre de Charles-Quint embarrassa singulièrement le conseil. Ce sauf-conduit, il fallait l'accorder sans condition, n'était-il pas à craindre que Charles-Quint n'en abusât pour renouveler quelques intrigues avec les mécontents, alors que les divisions étaient profondes entre le Dauphin et le duc d'Orléans, entre Diane de Poitiers et la duchesse d'Étampes (1) ?

Le parti le plus généreux l'emporta ; le sauf-conduit fut accordé, les deux fils du roi, le Dauphin et le duc d'Orléans, furent envoyés au-devant de l'Empereur comme compagnons de route jusqu'aux Pyrénées, où Charles-Quint fut accueilli avec tous les honneurs souverains ; le connétable de France portait devant lui l'épée nue et droite comme devant le Roi ; dans chaque ville de son itinéraire il délivrait les prisonniers, prérogative qui n'appartenait qu'aux souverains du pays (droit régalien) ; on lâchait des oiseaux, image de son pouvoir de grâce. François Ier vint lui-même recevoir l'Empereur à Chateleroux, des fêtes somptueuses, des tournois, des assauts d'armes, des festins magnifiques marquèrent son séjour aux châteaux d'Amboise, de Blois et d'Orléans. (2) A Paris, le corps des bourgeois, le Parlement vinrent au-devant de

---

(1) Le message de Charles-Quint, du mois d'avril 1538, portait la promesse que l'Empereur donnerait l'investiture du duché de Milan au second fils de François Ier, le duc d'Orléans, en vertu du traité de trêve.

(2) Comparez Sleidan, *Comment.*, liv. xii, et Martin Du Bellay, liv. viii, sur l'itinéraire de Charles-Quint.

l'Empereur à deux lieues des portes de la ville ; l'Université lui fit une belle harangue, et le connétable marchait toujours devant lui l'épée nue, honneur grand et souverain.

Charles-Quint visita les royales abbayes, Saint-Denis en France, la dernière demeure des rois, et son œil mélancolique, sous ces voûtes antiques, suivait les traces de la puissance tombée. Ces spectacles de la mort dans les débris de ce qui fut grand et superbe, plaisaient à Charles-Quint ; naguère il s'était arrêté plus de deux heures sur la tombe de Charlemagne, à Aix-la-Chapelle, comme pour méditer sur les causes de grandeur et de décadence des empires : il n'est pas rare de voir les hautes intelligences méditer sur les ruines. Dans ce séjour de Paris, Charles-Quint n'était pas parfaitement rassuré sur sa propre situation à la cour de François Ier ; à chaque incident, à chaque épisode de ce voyage, il semblait craindre qu'on ne profitât de sa présence à Paris pour lui imposer de dures lois, ou même pour le retenir captif (1). Il n'avait pas une grande confiance dans la parole de François Ier depuis la violation du traité de Madrid ; en plusieurs circonstances,

---

(1) Mémoires de Du Bellay, liv. VIII.

il le manifesta : un frisson traversa son corps, lorsque, suivant une familiarité des jeux chevaleresques, le jeune duc d'Orléans, le fils du roi, sautant en croupe derrière lui sur son cheval s'écria : « Sire, vous êtes mon prisonnier. » L'Empereur sourit d'une manière très-expressive, lorsqu'il vit que ce n'était qu'un jeu. Dans un jour d'abandon et de gaieté confiante, François Ier dit à Charles-Quint en lui montrant la duchesse d'Étampes, qu'on supposait hostile : « Savez-vous bien le conseil que me donne cette belle dame, c'est de vous retenir prisonnier jusqu'à la pleine exécution de nos traités » Et sans paraître s'émouvoir, l'Empereur répondit : « Si le conseil est bon il faut le suivre. » Il savait bien à qui ces paroles s'adressaient, et le soir même, à Fontainebleau, lorsque la duchesse d'Étampes lui présenta l'aiguière pour se laver, l'Empereur laissa tomber de son doigt comme par mégarde, un diamant d'un prix incomparable, et se baissant pour le ramasser, il l'offrit galamment à la belle duchesse, en la priant de le garder en souvenir de lui. Charles-Quint, du reste, promit alors de favoriser la politique de la duchesse d'Étampes, qui était d'élever et de grandir le duc d'Orléans au delà et au-dessus du dauphin Henri, afin de créer la rivalité d'un grand vassal à côté d'un nouveau roi après la mort de François Ier. La santé du roi de France s'altérait tous les jours, la souffrance s'emparait de son corps, il s'alitait souvent ; autour de lui, il ne tolérait plus que quelques poëtes ou quelques bouffons pour le distraire, et, parmi eux, Brusquet (1) le fou du roi, qui venait de succéder à Triboulet (2). On a attribué à Triboulet un jeu d'esprit qui se rattache au séjour de Charles-Quint à Paris; le fou gardait un livre barriolé de mille couleurs, comme son vêtement, et sur lequel il inscrivait tous les fous ses amis et ses confrères. Quand Charles-Quint prit la résolution de traverser la France en se confiant au roi, Triboulet l'inscrivit tout au long sur son livre, et quand on le laissa sortir, il y mit François Ier en plus gros caractère et presque comme un fou à lier. Si cette anecdote est vraie, il faut l'attribuer à Brusquet et non à Triboulet, mort depuis plusieurs années. C'était un homme étrange, une sorte de Diogène spirituel, contrefait de corps, qui jetait çà et là de triviales véri-

---

(1) Brusquet était provençal ; il se fit connaître au roi lors du camp d'Avignon, en 1536, où il devint médecin des Suisses et des lansquenets.

(2) Triboulet était blaisois, né vers la fin du xve siècle ; il avait été longtemps le jouet des pages et des officiers de Louis XII.

tés avec une hardiesse qui dégénérait en cynisme. Triboulet était vieux déjà au commencement du règne de François Ier : fou à titre du roi Louis XII, il l'avait suivi dans sa campagne d'Italie ; il eut tellement peur au siége de Peschiera du bruit de l'artillerie, qu'il se cacha sous un lit comme un chien de basse cour. (Il est rare que les railleurs et les cyniques aient du courage). Jean Marot fait allusion à cette circonstance dans les vers que voici :

> Et croy qu'encore y fu qui ne l'en eut tiré
> C'est de merveilles pour les sages craignant coups
> Qui font telles tremeurs aux innocents et foulx (1)

Le poëte se complait à décrire la grotesque figure de Triboulet dans la paix comme dans la guerre :

> De la tête énorme
> Aussi large à trente ans que le jour qui fut né,
> Petit front et gros yeux, nez grand, taille avoste,
> Estomac plat et long, hault dos à porter hotte,
> Chacun contrefaisant, chanta, dansa, prêcha,
> Et de tout si plaisant qu'onc homme ne fascha.

Après la mort de Louis XII, François Ier avait pris Triboulet à son service, et il le réjouissait

---

(1) Jean Marot, le père de Clément (poëme sur le siége de Peschiera).

par ses facéties, ses mots, et ses libres jugements sur chacun (1). Après sa mort, le Roi adopta un autre fou contrefait, plus instruit que lui, médecin de profession, du nom de Brusquet, pauvre médecin selon Brantôme : « qui envoyait les lansquenets *ad patres*, drus comme mouche. » C'est donc à Brusquet qu'il faudrait attribuer l'anecdote du calendrier des fous et la substitution de François Ier à Charles-Quint dans leur légende ; fort dévoué à Diane de Poitiers, Brusquet était son hôte journalier et l'amusait par son esprit et son érudition ; à son accent provençal, il joignait la connaissance des langues italienne, espagnole, avec de l'esprit par dessus tout, dans cette société étrange peut-être, mais mobile et variée comme un jeu de cartes et de tarots : chevaliers, barons, écuyers, dames de coupe, valet de carreaux, fous, bohémiens, chevaliers de deniers et mallemort. Cette société ne connaissait pas l'uniformité triste et désenchantée : « c'étaient toujours festes et mascarades dans un long carnaval. »

(1) Dans un drame de l'École déjà vieillie, à peine née (1830), on fait jouer à Triboulet un rôle d'indignation qu'il n'eut jamais : *le roi pouvait s'amuser*, mais en aucun cas Triboulet n'eût lancé ces déclamations que le poëte lui prête ; les chevaliers l'eussent renvoyé parmi les varlets et les gardeurs d'écurie pour n'en sortir jamais.

XXVII

LES DERNIERS JOURS DE FRANÇOIS 1er.

1530—1545.

S'il y avait encore dans le roi François Ier des volontés et des impatiences de guerre, si l'esprit de ses gentilshommes et de ses familiers l'y entraînait, son corps souffreteux et maladif ne s'y prêtait plus guère. Ce qui lui restait d'activité, il le donnait aux arts, aux constructions, aux magnificences des châteaux ; l'influence de Catherine de Médicis n'avait fait que redoubler cette ardeur. Florence, Rome, Pise ne s'oublient jamais, on les porte avec soi comme son cœur et son imagination d'artiste.

Fontainebleau était toujours le lieu de prédilection du Roi ; la chasse qui est comme le mensonge de la guerre pour les bras vieillis et fatigués, était devenue sa passion dominante ; François Ier après quelques heures de repos était toujours en chasse au milieu des forêts, suivi de sa cour de dames, de ses gentilshommes favoris ;

les jappements d'une meute, le son du cor, la poursuite d'un cerf, d'un sanglier, d'une troupe de loups était son plus doux délassement : le Roi passait au moins cinq mois de l'année à Fontainebleau, que ses artistes embellissaient avec une infatigable ardeur (1).

Le Primatice dirigeait toujours les travaux ; sa jalousie contre Rosso (Maître Roux) lui avait un peu fait changer l'ordonnance primitive des galeries, il les ornait avec un soin particulier, ainsi que les jardins, les bosquets, les parterres. Le talent du Primatice avait deux genres particuliers : la grande peinture historique et mythologique qu'il tenait de Jules Romain, puis l'ornementation qu'il poussait jusqu'à une excellence exquise ; ses fontaines, ses dieux termes, ses masques de satyre étaient des fantaisies, admirables souvenirs de l'antiquité ; il les entrelaçait de fleurs, d'adorables arabesques (2), il excellait dans l'art d'orner les cheminées monumentales, ce qui ne l'empêchait pas de continuer la grande peinture de son odyssée (les aventures d'Ulysse). Dans ses figures de dieux, de Vénus ou de Diane, il semble toujours apercevoir les

---

(1) Les premières gravures de la Renaissance reproduisent les chasses monumentales du roi François Ier.
(2) Voyez les œuvres du Primatice (Biblioth. Imp.).

modèles de Diane de Poitiers et de la duchesse d'Étampes. Il était fort naturel qu'un artiste courtisan se fût servi de ces modèles de perfection et de beauté: nulle n'égalait Diane de Poitiers, et quand Brantôme la vit pour la première fois elle avait 60 ans, il fut frappé de cette beauté de marbre de Paros, de cette grâce, de cette perfection de formes (1).

Autour de Primatice s'était formée toute une école française, deux hommes jeunes encore qui devaient déployer un immense talent sous les successeurs de François Ier, pour la construction et la décoration de son palais : 1° Germain Pilon, normand d'origine, (2) le sculpteur qui comprit le mieux, peut-être, les détails d'ornementation et les groupes de statues; 2° Jean Goujon (3), appelé le restaurateur de la sculpture française, né à Paris, où il exerça spécialement son art; le roi avait ordonné la transformation du Louvre. Si l'on examine un plan de Paris à la fin du XIVe siècle, on peut voir sur les bords de la Seine, en face de l'hôtel de

(1) Brantôme, *Dames galantes*.
(2) Né près du Mans, il ne vint à Paris qu'en 1540.
(3) On n'a jamais pu savoir le nom du maître qui l'enseigna ; c'était sans doute, un de ces artistes italiens, venus à la suite de Catherine de Medicis, et auxquel on attribue le beau tombeau de François Ier encore à Saint-Denis.

Nesle, un véritable château féodal, avec ses hautes murailles, ses créneaux, son pont-levis jeté près des vastes jardins de l'église de Saint-Germain-l'Auxerrois. Le Louvre flanqué de quatre tours, protégeait le côté ouest de la Seine, comme l'hôtel Saint-Paul et la Bastille défendaient celui de l'est. C'est ce château féodal que François Ier voulut transformer : le moyen-âge peu à peu disparaissait pour faire place à la Renaissance romaine et florentine; le Louvre cessait d'être un château pour devenir un palais. Cette transformation, peut-être heureuse pour tout ce qui touchait aux demeures royales, aux jardins, à l'ornementation des hôtels, l'était-elle également pour les églises et les tombeaux ?

Le moyen-âge avec ses formes ogivales, avec ses églises nues et pourtant ornées de ses statues de saints, de ses abbés mitrés où partout se montrait l'image de la mort et de la résurrection, n'était-il pas préférable pour l'exaltation de la pensée religieuse, à ces églises de la Renaissance, à ces tombes ornées de statues froides et correctes qui rappelaient l'école païenne d'Athènes ou de Rome? La belle tombe de Louis XII, à Saint-Denis, avec ses bas-reliefs admirablement ciselés, élevée comme un monument, inspire-t-elle l'idée de la prière et de la résurrection (1) ! Le prince couché sur la tombe à côté de sa royale compagne, n'inspire aucune idée de la mort chrétienne. On regarde, on admire, mais l'on n'est point pénétré du sentiment religieux, comme devant ces ossements en croix, ces crânes dénudés, aux yeux creusés par les vers du sépulcre : ces statues du tombeau de Louis XII iraient aussi bien en groupes autour d'une fontaine, dans l'escalier d'un palais que dans une basilique chrétienne.

Ce même goût de l'art antique se trouve dans Philibert Delorme, né à Lyon (2), et qui avait passé sa jeunesse dans les ateliers de Florence et de Rome ; quand il revint dans sa ville natale, son premier ouvrage fut le portail de Saint-Nizier : il fut ensuite appelé à Paris pour les embellissements que le roi faisait faire à Fontainebleau ; il dessina l'escalier à fer à cheval, construction svelte et hardie. Mais les œuvres capitales et nouvelles de ce maître, appartiennent surtout au règne de Henri II,

---

(1) Le tombeau est dû sans doute encore à quelques artistes florentins. Les bas-reliefs sont admirables.
(2) 1508. Philibert Delorme avait étudié à Florence ; il fut attiré à Paris par le cardinal Du Bellay.

époque artistique par excellence, sous la double protection de Catherine de Médicis et de Diane de Poitiers.

La dernière partie du règne de François Ier est déjà dominée par les questions religieuses. Or la tendance des opinions est de s'emparer du pouvoir, lorsqu'on les laisse à leur propre énergie; c'est pourquoi la liberté des idées conduit droit à la guerre civile. Le système de François Ier, à l'exception de quelques répressions passagères dirigées par les parlements et le Châtelet, avait été celui de la tolérance; le Roi avait arrêté plus d'une fois les poursuites contre les luthériens (1); entouré de savants, aux opinions mixtes et incertaines, ses philosophes, ses poëtes, étaient accusés des nouvelles hérésies. De ses deux sœurs, l'une professait ouvertement le calvinisme, l'autre restait indifférente. La duchesse d'Étampes allait secrètement aux prêches, et méritait les éloges des docteurs et des ministres, qui disaient d'elle qu'elle était la plus savante des belles et la plus belle des savantes (2). Fortifié par ces protections diverses, le

---

(1) La duchesse d'Etampes prit sous sa protection La Renaudie, qui devint ensuite le chef de la conjuration d'Amboise. Voir ma *Catherine de Médicis*.

(2) Cependant Théodore de Beze ne nomme pas la duchesse

calvinisme, obscur d'abord, s'était constitué en opinion, et comme le luthérianisme dans l'Allemagne, il était prêt à sonner la guerre civile, car les paysans des montagnes s'armaient aussi contre les riches et les États. La dernière partie du règne de François Ier fût dominée par cette situation nouvelle ; il fallait un chef, un roi au parti huguenot, et ce parti entourait le duc d'Orléans, le frère cadet du dauphin. Les huguenots savaient qu'ils n'avaient rien à espérer de Henri, le dauphin, l'héritier présomptif de la couronne, toujours sous l'influence de Diane de Poitiers, leur profonde ennemie ; le duc d'Orléans s'était engagé avec eux, et ils voulaient le faire roi après la mort de François Ier. Ce prince, sous le charme de la duchesse d'Étampes, se laissait aller à cette idée de changement, et son principal motif c'était la liaison du dauphin avec les Guises.

Cette puissante et noble famille, adorée des catholiques, grandissait toujours ; François Ier pressentait sa fortune et s'en faisait des craintes sérieuses jusqu'à ce point que plus tard on fit ce quatrain :

---

d'Étampes dans la liste qu'il donne des femmes qui ont protégé le calvinisme ; peut-être la sévérité du prêche désavouait cette protection.

Le f u roi devina ce point
Que ceux de la maison de Guise
Mettraient ses fils en pourpoint
Et son pauvre peuple en chemise (1).

Rien n'était plus mensonger que ce quatrain huguenot, car les Guise et les Montmorency étaient les seuls vigoureux défenseurs du territoire dans la guerre, que, cette fois encore, François Ier engageait contre Charles-Quint ; devenu maladif, capricieux, le roi, vieilli avant l'âge, s'était jeté un peu en fou dans cette guerre, aidé de l'alliance des Turcs et des luthériens d'Allemagne, et cette fois l'alliance ne consistait plus en un assentiment moral et en des traités éventuels : la guerre se faisait de concert et ouvertement ; les flottes ottomanes, sous l'émir Barberousse, venaient s'abriter au port de Marseille, et réunies à celles du roi de France, elles assiégeaient Nice (2), ravageaient les côtes d'Italie et d'Espagne : François Ier recevait des secours des reîtres et des lansquenets luthériens d'Allemagne.

Dans les voies de cette politique étrange, si on

---

(1) Ces vers sont attribués à Charles IX, alors tout dévoué au parti huguenot.

(2) Les flottes ne purent réussir devant Nice, et il existe une médaille curieuse qui constate l'alliance des Turcs et des Français : *Nicæa a Turcis et Gallis obsessa*.

la compare à la situation religieuse des esprits, le roi avait dû changer son conseil; la duchesse d'Étampes désormais gouvernait tout, et la guerre fut pour ainsi dire dans ses mains. Cette guerre ne fut pas heureuse, les armées de Charles-Quint envahirent la France par toutes ses frontières : il y eut bien de folles entreprises jusqu'à la mort du duc d'Orléans, qui vint une fois encore arrêter les espérances du parti huguenot et de la duchesse d'Étampes, maîtresse absolue des destinées de la France. Le dauphin était en disgrâce; Diane de Poitiers s'était retirée au château d'Anet, dont les embellissements faisaient sa préoccupation unique. Les Guise avaient des commandements en Italie; Catherine de Médicis seule gardait à la cour de Fontainebleau une situation mixte et mesurée; femme du dauphin, un peu négligée par son mari, elle était fort aimée de François Ier, par son goût de plaisir, ses hardiesses de chasse que le Roi se plaisait à raconter dans ses entretiens du soir (1).

Après la paix de Crespi, la santé de François Ier déclina sensiblement; à peine à 52 ans, il portait déjà toutes les marques de la décré-

---

(1) Brantôme constate le charmant esprit de François Ier dans sa causerie, souvent un peu licencieuse.

pitude et de la vieillesse ; un seul goût lui restait, la chasse, et il s'y livrait avec une activité fébrile, une fureur qui tenait sans doute au besoin de changer sans cesse de résidence, de gîte, pour distraire ses douleurs : Catherine de Médicis seule semblait avoir compris cette nouvelle situation de François Ier ; attentive auprès du Roi, elle caressait ses faiblesses et tenait un habile milieu entre la duchesse d'Étampes et Diane de Poitiers (1) : « la vie du Roi ne pouvait longtemps se prolonger ; à sa mort elle devenait reine ; le pouvoir de la duchesse d'Étampes devait cesser. » Mais Catherine ne pouvait espérer la domination avec la puissance qu'exerçait Diane de Poitiers sur l'esprit et les volontés du dauphin Henri, et quelle continuerait d'exercer sur ce prince devenu Roi. La rivalité entre la duchesse d'Étampes et Diane avait pris les proportions d'aigreur et de proscriptions violentes. Diane de Poitiers, était reléguée par la duchesse d'Etampes, qui faisait plus encore. « Disant, selon le récit de Brantôme, qu'elle était née précisément le jour où Diane de Poitiers s'était mariée. » Les femmes ne pardonnent pas ces sortes d'outrages, et

---

(1) Voir ma *Catherine de Médicis*.

c'était en tremblant que la duchesse d'Étampes devait voir s'avancer les derniers jours de François Ier.

Le prince semblait fuir la mort qui, montant en croupe, le suivait partout, dans ses excursions saccadées, maladives, de château en château, de forêts en forêts, sans trêve, sans repos, comme s'il était poursuivi par le cor fantastique qui appelle les trépassés ! il courait de Saint-Germain à la Muette, à Dampierre, à Loche. Puis il revint à Rambouillet, toujours triste, préoccupé, chassant comme le fantôme des légendes, il s'arrêta dans le château pour ne plus se relever, et le glas funèbre sonna le 5 mars 1547, la mort du Roi de France (1).

(1) Sur la mort de François Ier, comparez Mémoires de Du Bellay, lib. x, et Belcarius, liv. xxv, n° 1.

XXVII

AVÈNEMENT DE HENRI II. — TOUTE-PUISSANCE DE DIANE
DE POITIERS.

1547 — 1548.

Les funérailles de François Ier étaient à peine accomplies, que Diane de Poitiers arrivait à la cour de Saint-Germain, et son premier acte fut un ordre d'exil pour la duchesse d'Etampes, qui se retira dans son château de Saint-Bris. La toute-puissance de Diane de Poitiers effaça toutes les rivalités et les oppositions, et ce fut une véritable merveille que de la voir à l'âge de quarante-sept ans, régner en maîtresse favorite sur l'esprit et le cœur de Henri II; on put croire alors à la prédiction de la bohémienne, dont parlent quelques mémoires. Enfant, elle avait sauvé un vieux mécréant prêt à être pendu par le prévôt, et la fille du mécréant reconnaissante, lui avait donné un filtre, qui lui conservait une éternelle jeunesse (1). Ce qu'il y a de certain,

(1) Voyez ce que disent à ce sujet des auteurs fort graves du XVIe siècle: Théodore de Bèze et Pasquier lui-même dans ses *Recherches sur la France*.

c'est que le portrait de Diane de Poitiers, fait à cette époque par le Primatice, sous les traits de Diane chasseresse, et son buste par Jean Goujon, constatent une éternelle jeunesse, une grâce charmante et naïve de la première époque de la vie d'une femme.

Presque aussitôt des lettres-patentes créèrent Diane de Poitiers, duchesse de Valentinois, un des beaux domaines de la couronne (1) : en même temps la reine Catherine de Médicis recevait pour son revenu, l'administration du comté d'Auvergne ; des lettres-patentes rendaient au sire de Montmorency son titre de connétable, et son cousin Rochepot, était élevé à la lieutenance générale de la ville de Paris. Tout le conseil du Roi était changé, car un système nouveau de fermeté, de résolution allait s'inaugurer sous la main des Guise, hommes forts et populaires. Le duc de Guise était bien le plus fier, le plus hardi des féodaux qui oncque fut jamais.

> A quel Dieu semblait-il ? ou si, comme il me semble,
> Il ressemblait lui seul à trois dieux tous ensemble
> Or, ne ressemblait-il pas de la tête et des yeux
> Le tonnerre foudroyant et le père de dieux,
> Au fier esbranle-terre, au dieu de la marine ?

Ce changement absolu dans le conseil venait

(1) Après le sacre de Reims, 25 juillet 1547.

de la nécessité surtout d'arrêter les progrès des opinions que la duchesse d'Etampes avait tant favorisées; ces opinions pénétraient partout, et Calvin lui-même écrivait : « La reine de Navarre a bien affermi notre religion en Béarn ; les papistes ont été chassés entièrement; en Languedoc, ont été réunies maintes assemblées sur notre croyance. Avec le temps partout seront ouies les louanges de l'Eternel (1). »

Ainsi s'exprimait Calvin, et ses espérances se réalisaient : presque partout le calvinisme s'organisait comme une réformation et une résistance dans l'Etat, témoin l révolte déjà de la Guyenne et de La Rochelle. Des assemblées se formaient, et, le soir, les huguenots se réunissaient dans le Pré aux Clercs pour chanter les psaumes de Bèze ou de Marot en français. A la cour même, les nouvelles opinions faisaient des progrès; Dandelot, colonel de l'infanterie française, était déjà fortement soupçonné d'hérésie. Quand le roi Henri II l'interrogea sur ce point : « Est-il vrai, seriez-vous huguenot ? » Dandelot répondit : « Mon corps et ma vie sont au pouvoir de Votre Majesté, mais mon âme appartient à Dieu seul; j'aimerais mieux mourir que d'al-

---

(1) Lettre originale de Calvin.

ler à la messe (1). » Cette hardie réponse indiquait le péril que l'Etat courait par l'invasion des nouvelle doctrines, et Diane de Poitiers ne fut pas la dernière à conseiller au Roi un système répressif sous la main des Guise. Il ne faut jamais séparer un temps de ses nécessités, de ses idées ; le mot *intolérance* ne doit jamais être pris d'une façon absolue ; chaque époque a ses intolérances ; quand la religion domine, l'intolérance est dans la religion ; quand la politique domine, elle est dans la politique ; les mots changent seuls. La messe était encore la foi générale de la société ; se révolter contre la formule religieuse était aussi dangereux pour l'État que dans les temps modernes se révolter contre la formule politique ; et cela était si vrai, que partout la réformation était suivie d'une insurrection hardie de nobles et de paysans. L'Allemagne voyait son antique constitution renversée ; l'Angleterre était en pleine guerre civile, tandis que l'Espagne, qui, à l'aide de l'inquisition, avait su se préserver des nouvelles opinions, portant son énergie sur elle-même, découvrait un nouveau monde et gagnait la ba-

---

(1) Voir les pièces textuelles dans mon travail sur la Réforme, t. 1er.

taille de Lépante. A toutes les époques, l'unité est une force, et l'opposition une cause de faiblesse et de décadence.

Diane de Poitiers, sous l'influence des Guise, contribua puissamment à cette tendance ferme et unitaire de la monarchie sous Henri II ; partout l'ordre fut rétabli et la révolte réprimée d'une manière inflexible, nécessité d'un gouvernement qui voulait éviter la guerre civile (1) : les temps modernes en montrent plus d'un exemple. Certes, le connétable Anne de Montmorency était un esprit de modération avec une certaine tendance vers la réforme, et cependant Brantôme dit de lui (2) : « Tous les matins, il ne faillait de dire et entretenir ses patenôtres, soit qu'il ne bougeât du logis ou qu'il montât à cheval, et on disait qu'il fallait se garder des patenôtres de M. le connétable, car en les disant et marmottant, lorsque les occasions se présentaient, il s'écriait : « Allez-moi pendre un tel, attachez celui-là à un arbre, faites passer celui-là par les piques, tout à cette heure ; taillez-moi en pièce, mettez moi le feu partout, et tels

---

(1) *Recueil des ordonances de Henri II*, publié par Decreusi.
(2) Brantôme, *Le connétable de Montmorency.*

ou semblables mots de police ou de guerre (1). »
Ainsi étaient les mœurs dans ce siècle de violence et de guerre civile, et cependant Anne de Montmorency était un esprit de tempérance et de modération !

(1) Brantôme, article *M. le connétable de Montmorency.*

XXVIII

LE COMBAT SINGULIER DE LA CHATAIGNERAIE ET JARNAC.

1547.

La toute-puissance de Diane de Poitiers, le retour vers les vieilles mœurs, furent marqués par une lice ardente et chevaleresque entre deux nobles champions à qui le champ fut assigné selon l'antique formule des combats singuliers : ils s'appelaient La Chataigneraie et Jarnac. Diane de Poitiers passionnée pour les usages des paladins eut toujours applaudi des deux mains à ces rencontres à l'épée ; mais à ce duel retentissant, qui a laissé une longue traînée de souvenirs, se mêlaient des idées et des passions particulières, la rivalité de Diane de Poitiers, désormais duchesse de Valentinois, avec la duchesse d'Étampes.

François de Vivonne, seigneur de La Chataigneraie, était fils d'André de Vivonne, grand sénéchal de Poitou (1), et de tout temps lié à la famille de Saint-Vallier. François Ier avait été

---

(1) Il était né en 1520.

son parrain, et il l'attacha à sa personne comme page et enfant d'honneur. A dix-huit ans, La Chataigneraie, que le Roi aimait tendrement, qu'il appelait son filleul, excellait dans tous les exercices du corps, à la lutte, à l'escrime, à la chasse, avec une telle vigueur, qu'il saisissait un taureau par les cornes et le renversait sans effort; on l'avait vu lutter avec deux athlètes à la fois et leur faire toucher la terre du front. Dans les tournois, en pleine course, sur son cheval, il jetait deux ou trois fois sa lance, la reprenait de ses mains gantées avant de la mettre en arrêt contre son adversaire. Aussi, un peu orgueilleux de sa vaillance et de son adresse, La Chataigneraie aimait à dire : « Nous sommes quatre gentilshommes de la Guyenne, Fezensac, Sensac, Essé et moi qui courons à tous venants. » François Ier avait composé ces deux vers pour lui :

Chataigneraye, Vieilleville et Bourdillon
Sont les trois hardis compagnons.

Partout la Chataigneraie s'était distingué aux batailles; plusieurs fois aussi le Dauphin, depuis Henri II, lui confia son gonfanon aux siéges de Landrecis et de Thérouanne; Diane de Poitiers exaltait La Chataigneraie comme le plus brave paladin (1).

Non moins illustre était le comte de Jarnac, de l'illustre famille des Chabot, beau-frère de la duchesse d'Etampes, un peu coureur d'amour, comme le dit Brantôme : « Jarnac, petit dameret, qui faisait plus grande profession de curieusement se vestir que des armes de guerre (2), » avait fait certaines confidences un peu équivoques sur ses amours avec certaine dame ; il s'en était fait grand bruit, Jarnac les démentit ; on voulut remonter à la source jusqu'au Dauphin, profondément hostile à la duchesse d'Etampes. La Chataigneraie intervint loyalement pour son seigneur et déclara que Jarnac lui en avait fait confidence à lui-même, et sans hésiter, offrit le combat pour le soutenir. Toutefois, il ne fut pas approuvé de tous. « S'il m'avait voulu croire, dit Montluc, et cinq ou six de mes amis, il eût desmêlé sa furie contre le sire de Jarnac d'autre sorte (3). »

Ce défi était jeté à la fin du règne de François Ier, à une époque de faiblesse et de mala-

---

(1) Brantôme dit de lui : « Il n'avait que cela de mauvais qu'il était trop haut de la main et trop querelleux. »
(2) Paroles de La Vieuville, dans ses *Mémoires*.
(3) Mémoires de Montluc, chap. v.

die; le roi n'avait pas accordé le champ, c'est-à-dire qu'il avait refusé la permission de la lice et du combat; mais à l'avènement de Henri II, au moment de la disgrâce de la duchesse d'Etampes, Jarnac alla demander le champ-clos contre La Chataigneraie, et le nouveau roi, tout chevaleresque, l'accorda d'après les principes des romans de chevalerie. La lice fut indiquée dans le parc du château de Saint-Germain : comme dans les combats judiciaires du moyen-âge, les armes avaient été bénies à Saint-Denis; le Roi, toute sa cour, les dames, Diane de Poitiers elle-même, durent assister à cette grande lice. Le champ-clos fut orné comme pour un tournoi, et jouste à fer très-moulu.

La renommée de La Chataigneraie était si bien établie sous le rapport de la vaillance, de l'adresse, de la force, que nul ne doutait qu'il ne sortît vainqueur; lui-même avait commandé pour le soir un joyeux festin destiné à célébrer sa victoire. Le combat commença au soleil couchant, dans une chaude journée (1). La Chataigneraie fondit sur son adversaire avec la fière assurance d'un vainqueur; Jarnac esquiva le

---

(1) « Il estait au soleil couché, premier qu'ils entrassent en duel. » (Mém. de Montluc.)

coup, et avec une adresse non pareille, il lui répondit par la feinte de quarte, que depuis on a appelé le coup de Jarnac. Quel était ce coup qui a fait l'objet de tant de recherches? Les uns disent que c'était un coup de pointe donné avec l'habileté d'un chirurgien dans les tendons de la cuisse et de la jambe, de manière à renverser son adversaire sur la poussière ; les autres, qu'il lui fendit le mollet par un estoc terrible de haut en bas (1). Tant il y a que La Chataigneraie toucha la terre, humiliation qu'il n'avait jamais subie. Jarnac, étonné de sa victoire, courut vers lui, le suppliant de garder sa vie, pourvu qu'il rendît l'honneur à la dame par une déclaration publique qu'il s'était trompé. La Chataigneraie refusa; alors Jarnac, selon les coutumes du combat singulier, s'agenouilla devant le Roi pour lui dire « qu'il lui donnait La Chataigneraie pour en faire son plaisir. » Le Roi répondit à Jarnac : « Vous avez combattu comme César et vous parlez comme Cicéron ; j'accepte La Chataigneraie. » Le fier chevalier blessé déclara « qu'il voulait mourir. » En vain transporté au château du duc de Guise, son parent, on pansa sa blessure ; il en déchira les appareils et

(1) Ce coup n'était pas loyal.

ne fit aucune concession. Il mourut donc fièrement avec l'orgueil de sa renommée. « Il y en eut force qui ne le regrettèrent guère, car ils le craignaient plus qu'ils ne l'aimaient; il était trop haut de la main, querelleux : comme il était des parents et commensaux des Guise, Monseigneur d'Aumale lui fit élever un grand mausolée avec cette inscription : « Aux mânes fières de François de Vivonne, chevalier français très-valeureux (1). »

(1) Comparez Mémoires de Montluc, Brantôme et La Vieuville (Mémoires). On dit que la dame sur laquelle Chataigneraie avait tenu les vilains propos, était la duchesse d'Étampes et qu'en cette occasion il servit Diane de Poitiers qui fit autoriser le combat.

XXIX

LE CURÉ DE MEUDON. — MONTAIGNE. — BRANTOME. — NOSTRADAMUS.

1549 — 1560.

Le duel sanglant entre La Châtaigneraie et Jarnac fut le dernier combat judiciaire autorisé comme il l'était au moyen-âge chevaleresque, véritable appel au jugement de Dieu. Cet esprit s'affaiblissait chaque jour : l'honneur et la chevalerie étaient raillés hautement comme une folie des temps écoulés. Alors mourait dans la petite maison, rue du Jardin et Saint-Paul (1) cet esprit méchant et tout matérialiste dont j'ai parlé, Rabelais, que l'indulgence de François Iᵉʳ avait trop ménagé comme un pédant échiqueté d'universitaire et de fou royal : « *La vie inestimable du grand Gargantua, père de Pantagruel, jadis composée par l'abstracteur et quintessence, livre plein de Pantagrualisme* » avait paru à Lyon

(1) En 1553 ; il était toujours curé de Meudon, et avait une prébende dans l'église collégiale de Saint-Maur-les-Fossés.

sous le règne encore de François Ier (1), et la protection du Roi avait couvert ce fatras d'histoires drolatiques écrites dans une langue inintelligible ; mais le recueil contenait de grossières déclamations contre le pape, les moines, les papelards, et même contre les dogmes chrétiens et à cette époque, où les calvinistes et les luthériens attaquaient l'Église, les livres de Rabelais obtinrent une grande renommée : on entrait dans l'époque matérialiste. Ce qu'on exaltait, c'était la chair, le ventre, le sensualisme aux dépens des idées de chevalerie et de dévouement. Le parlement avait été d'une indulgence extrême pour ce curé qui mourait dans l'opulence en profitant des bénéfices de cette Église qu'il maudissait : et c'était une grande faute du concordat signé par François Ier et Léon X, que l'autorité laissée au Roi de disposer des bénéfices ecclésiastiques qu'il distribuait libéralement entre les artistes, les courtisans et quelquefois parmi les universitaires ennemis de l'Église : le Primatice, Benvenuto Cellini eurent des abbayes comme s'ils avaient appartenu aux ordres sacrés.

François Rabelais fut sans doute un grand

---

(1) L'édition *princeps* est de Lyon, Frédéric Juste, 1536. L'édition Elzevir est de Leyde, 1663.

railleur de choses saintes, mais on lui prêta plus encore qu'il n'avait dit et fait ; les faiseurs d'historiettes lui ont attribué mille bouffonneries impies et des paroles plus que déplorables au moment si grave de son agonie; quand le cardinal du Bellay fit demander des nouvelles de sa santé par un page, Rabelais répondit de sa voix mourante : « Dis à monseigneur l'état où tu me vois, je m'en vais chercher un grand peut-être; il est au nid de la pie, dis-lui qu'il s'y tienne, et pour toi tu ne seras jamais qu'un fou; tire le rideau, la farce est jouée. » Toutes ces inventions furent faites après coup par de mauvais esprits qui voulurent trouver dans Rabelais un précurseur des idées du XVIIIe siècle, tandis qu'il ne fut que le successeur de ces médisans de l'Église, les Albigeois et Vaudois qui troublèrent l'ordre religieux du XIIIe siècle. Ses livres sont écrits presque en patois mêlé de grécisisme; tous ses personnages sont des paysans, des moines, mais il n'y a dans Rabelais ni système, ni pensée arrêtée, ni intention saisissante : on lui ferait trop d'honneur de trouver en lui autre chose qu'un bouffon (1).

(1) Les philosophes, médiocres commentateurs de Rabelais, ont cherché en vain à relever cette physionomie jus-

Si Rabelais avait été le protégé de la duchesse d'Étampes, Michel Montaigne fut celui de Diane de Poitiers; et cependant son esprit dissertateur, les livres qu'il avait publiés entraînaient avec eux-mêmes la destruction de l'esprit chevaleresque, objet d'un culte profondément ébranlé par la réformation. Michel Montaigne enfant fut envoyé auprès de François Ier (1), et plus tard Diane de Poitiers l'attacha au service de Henri II, non pas comme un de ses braves chevaliers qui allaient avec lui aux batailles, mais comme un jeune page qui pouvait le distraire et l'enseigner. Ainsi se formait le scepticisme en face de cet édifice de croyance qui composait le moyen-âge. Peu de chose appartenait à l'esprit de Montaigne dans ses œuvres; il empruntait tout à Cicéron, à Sénèque et même à Lucrèce. L'antiquité réagit sur toute cette littérature comme le latin et le grec sur la langue française; Montaigne enfant eut toute la faveur de Diane de Poitiers, parce que tout en philosophant et méditant, il ne fut jamais soupçonné de huguenoterie; il restait dans la ré-

qu'à en faire un penseur; chaque époque a sa manie : aujourd'hui on est penseur par état.
(1) Il était né le 22 février 1533.

gion élevée de la pensée sans ébranler publiquement le dogme (1).

A tous ces écrivains d'une littérature empruntée aux anciens, combien Brantôme était préférable, non point qu'on doive croire tout ce qu'il rapporte : « J'ai ouï dire, j'ai entendu conter » n'est-ce pas sa formule ? Brantôme a écouté partout les mille chroniques de guerre et de galanterie ; quand il vint à la cour, Diane de Poitiers était vieille déjà (2) ; pourtant il fut frappé de cette éclatante beauté qui se conservait à travers les années ; Périgourdin un peu vantard, il se disait issu par son père de la très-noble et antique race de Bourdeilles, déjà renommée sous l'empereur Charlemagne : « Comme les histoires anciennes et vieux romans français, italiens, espagnols le témoignent de père en fils, et du côté de sa mère, issue de l'illustre race des Vivonne (3). » Brantôme recueillait jour par jour les anecdotes dans un grand volume couvert de velours vert pour les dames et de velours noir pour les rodomontades. Brantôme fut par

---

(1) Ce ne fut que plus tard qu'il publia ses livres ; l'édition *princeps* est de 1585.

(2) Brantôme était né en 15.7.

(3) Cette longue énumération se trouve dans le testament ou épitaphe de Brantôme.

la naïveté de son langage, la tradition de la chronique du moyen-âge, en y ajoutant cette petite médisance de récit qui était l'apanage du Valois. Chez Brantôme, seigneur de Bourdeilles, le sentiment de la morale n'a pas un rigide écho ; expression de la cour de Charles IX et de Catherine de Médicis, il conte avec une grande crudité les actions que d'autres siècles et d'autres mœurs ont flétries ; chaque époque a sa morale particulière trop souvent, hélas ! en dehors des lois suprêmes et éternelles.

Bien plus puissant sur les imaginations et les esprits, avait paru à cette époque un écrivain étrange, tireur d'horoscope, dont les *Centuries* faisaient grand bruit à la cour ; c'était Michel Nostradame ou Nostradamus, natif de Salon en Provence. Jamais les superstitions et les fables n'abandonnent le cœur de l'homme ; elles se transforment et ne disparaissent sous un type que pour se produire sous un autre ; l'horoscope fut une dégénération de cette magie, des épopées du moyen-âge, dans les romans de Lancelot du Lac, de Roland et des quatre fils d'Aymon où la magie se montre sous des couleurs brillantes comme le ressort divin d'un poëme. L'horoscope plus sombre s'attachait à la vie de l'homme, à deviner son histoire individuelle, sa destinée, tel était le but des *centuries* que maître Nostradamus publiait à Lyon. Quelle était l'origine de ce triste prophète? Il se disait d'une famille de juifs convertie. A Rome, Juvénal avait déjà flétri les juifs vendeurs et interprètes des songes: médecin d'abord, il avait publié un *almanach pronosticant toutes les saisons* (1), puis un traité *des fardements* (2), l'art de se farder que l'Italie avait donné à la France; les singulières recettes pour entretenir le corps (et Diane de Poitiers n'était-elle pas une merveille entre toutes). Mais les livres qui firent sa renommée, ce furent les *centuries* (3) qui prédisaient en termes fort obscurs les horoscopes de chacun et que toute la génération lisait avec avidité; qui ne désire pénétrer le secret de sa destinée? Les centuries écrites en vers étaient feuilletées par Catherine de Médicis, Diane de Poitiers, la duchesse d'Étampes, et on citait avec effroi la prédiction suivante qu'on appliqua plus tard au malheureux tournoi où périt Henri II :

> Le lion jeune, le vieux surmontera
> Au champ bellique par singulier duel.

(1) Le 14 décembre 1563, ainsi que le constate Papon (*Hist. de Provence*).
(2) *Traité des Fardements*, édition *princeps* très-rare, 1552.
(3) Édition rare, Lyon, 1568.

> Dans cage d'or les yeux lui crèvera,
> Deux plaies ont fait mourir, mort cruelle !

Cette prédiction semblait annoncer qu'un grand péril menaçait le Roi (le lion), qu'un vieux (Montgomery) le blesserait en duel au champ belliqueux ; la cage d'or, c'était le casque ; le Roi serait frappé entre les deux yeux, et de quelle blessure, juste ciel ? une blessure à mort. Ces prédictions obscures étaient d'un grand effet sur les imaginations ; on ne se dirigeait que par son astrologue. Au milieu des fêtes, des plaisirs, des distractions, la prédiction apparaissait comme une fatale menace !

XXX

LES ARTS SOUS HENRI II. — LES DEMEURES ROYALES. —
CHAMBORD. — CHENONCEAUX. — ANET. — LES ARTISTES.

1545 — 1557.

Si l'on veut exactement parler, la belle Renaissance n'appartient pas à François Ier, mais à Henri II ; c'est sous ce règne que se développe l'art dans sa perfection, ces bâtiments sveltes à colonnes canelées qui se couronnent par des ornements de fantaisie d'une belle ordonnance, et ces mille statues parsemées dans les niches et qui diffèrent si essentiellement des œuvres du moyen-âge : meubles, armures, coffrets, boiseries, orfèvrerie, tout est marqué d'un splendide cachet ; le marbre est ciselé avec un fini dont on trouve des modèles dans les deux tombeaux de Louis XII et de François Ier à Saint-Denis.

Quels maîtres accomplirent ces œuvres ? la plupart sont inconnus ; ils venaient presque tous d'Italie, et Catherine de Médicis les avait entraînés à sa suite. Quand aujourd'hui on parcourt même les provinces, on trouve dans certaines églises des boiseries, des sculptures, des œuvres d'art d'une grande perfection évidemment de l'école italienne, et en feuilletant les registres on voit que des artistes, sorte de pèlerins de la Renaissance, allaient de villes en villes offrir leurs ciseaux, leurs pinceaux aux églises, aux monastères; Catherine de Médicis n'était-elle pas la reine des artistes? elle leur donnait l'impulsion, et l'art français se ressentit de cette protection, comme l'école italienne.

On en trouve un exemple considérable dans l'ineffable amitié qu'elle porta à maître Bernard Palissy, ce merveilleux potier de terre dont les œuvres devinrent pour Diane de Poitiers et Catherine de Médicis ce que la manufacture de Sèvres fut plus tard sous la marquise de Pompadour. La seconde manière de maître Bernard Palissy est la plus perfectionnée; celle-là seule est splendide et incontestablement les modèles étaient fournis par l'école de Florence et de Rome; la reine Catherine de Médicis faisait exécuter sur les grands dessins ses plats, ses assiettes dont le prix est aujourd'hui illimité (1).

La demeure habituelle de Henri II ce fut le

---

(1) Les deux assiettes (collection du château de Mello) marquées aux chiffres de Henri II et de Catherine de Médicis, ont été payées douze mille francs.

château de Saint-Germain. Presque tous ses actes d'autorité royale sont sortis de cette résidence élevée au temps de Charles VII ; la vaste forêt qui s'étendait d'un côté jusqu'à Pontoise, de l'autre jusqu'à Écouen, était aussi sombre et séculaire que celle de Fontainebleau ; la chasse y était belle et plantureuse, et le point de vue unique. Un certain nombre de châteaux commencés par François Ier étaient en construction, aucun n'était achevé, le bizarre Chenonceaux avec ses ponts, ses canaux, ses formes irrégulières ; Chambord, construit sur les dessins du Primatice étaient loin d'être à leur fin. Philibert Delorme, par les ordres de Diane de Poitiers, semait de riches ornements la résidence d'Anet. Les galeries du Louvre, celles qui donnaient sur la rivière, ne s'élevaient qu'au premier étage (1).

Presque dans tous ces bâtiments, à côté de la Salamandre de François Ier, on voyait s'incruster le chiffre entrelacé de Diane de Poitiers et de Henri II, et la plus singulière des remarques c'est que ce témoignage public d'un amour un peu étrange était donné en présence de Catherine de Médicis, la femme légitime de Henri II.

(1) On a pourtant écrit que Charles IX tirait sur les huguenots des fenêtres du Louvre, qui ne fut achevé que sous Henri III.

La reine féconde (1) et heureuse de ses artistes paraissait très-peu s'occuper de ces manifestations publiques; elle préparait sa domination politique au milieu des plaisirs et des fêtes. Sous l'emblème de ces chiffres amoureux, on ne vit partout que l'histoire de Diane dans l'Olympe restauré de tant de dieux, par la Renaissance; Vénus n'a qu'une très-petite place dans ces créations d'artiste; Hébé, symbole de la jeunesse et de la grâce, avait été plusieurs fois sculptée durant la puissance de la duchesse d'Étampes, et Benvenuto avait conçu et exécuté dans une pensée flatteuse son Hébé, chef-d'œuvre d'orfévrerie. Sous Henri II, Vénus, Hébé cessent de régner; les artistes y substituent des scènes de chasse où Diane apparaît dans tous ses attributs; autour d'elle sont groupées ses nymphes qui reflètent souvent le portrait des dames qui accompagnaient Diane de Poitiers : parmi elles on trouve une autre Diane, moins célèbre et néanmoins aussi belle, aussi spirituelle.

C'était une fille d'amour de Henri II qu'il avait eue dauphin dans son expédition des Alpes, d'une dame piémontaise nommée Philippe

---

(1) Elle avait trois enfants déjà à la mort de François Ier.

Duc (1). La petite princesse prit le nom de Diane de France, et fut élevée avec un soin extrême sur les genoux pour ainsi dire de la duchesse de Valentinois. « Je pense, dit Brantôme, que jamais dame eût été mieux à cheval, et elle était très-belle de visage et de taille : elle parlait l'italien, l'espagnol, et à treize ans elle avait épousé Horace de Farnèze, duc de Castro, deuxième fils de Louis, duc de Parme et de Plaisance, tué tout jeune devant Hesdin (2). » Diane de France, restée veuve sous la garde de Diane de Poitiers, fut destinée à François de Montmorency, fils du connétable, le protégé particulier de Diane de Poitiers, alors en toute sa faveur : on dit même qu'elle était la mère de cette jeune Diane que les lettres de légitimation supposaient fille d'une dame piémontaise.

L'amour de Henri II pour Diane de Poitiers (duchesse de Valentinois) ne faisait que s'accroître ; le roi portait publiquement ses couleurs, la devise de *donec totum implicit orbem* (3) sous un croissant placé sur les mon-

---

(1) Diane était née en 1538. Voyez ce qui est dit d'elle dans les *Confessions* de Sancy, chap. vi, et dans d'Aubigné, liv. ii, chap. iv.

(2) Le Roi avait négocié ce mariage avec le pape Paul III.

(3) Plusieurs des monnaies de Henri II portent cette légende.

naies s'appliquait à Diane de Poitiers, qui elle-même avait pris pour devise le chiffre de Henri ; dans quelques médailles on voit Diane foulant au pied un amour avec cette légende : *omnium victorem vinci* (j'ai vaincu le vainqueur de tous). A la fin de l'année 1556, le château d'Anet fut achevé par Philibert Delorme, charmante demeure entre les deux forêts d'Yves et de Dreux. Diane devait aimer les bois ; son parc s'étendait sur l'Eure jusqu'au village d'Yvry, célèbre depuis par la victoire de Henri IV. Anet devint désormais la demeure de prédilection de Diane de Poitiers : elle-même l'avait meublé de belles tapisseries qui racontaient ses amours avec le Roi de France qu'elle aimait de toute sa passion ; le premier acte de la prise de possession du château d'Anet fut la fondation d'un hospice ou maladrerie pour les pauvres (1).

Le château d'Anet se distinguait surtout par la richesse de son ameublement, cet art porté à son point extrême de sévère élégance sous les Valois : les meubles étaient d'ébène et d'ivoire, les tentures en cuir damasquiné jaune, les buffets et coffrets en bois sculpté reproduisaient les scènes de chasse relevées en or ; les tapis de

(1) Sa fondation la plus charitable fut un hospice pour quinze pauvres veuves.

l'Orient, les glaces de Venise sans reflet, ornaient les salles; dans quelques galeries, des peintures, des poteries jaune glauque ou bien sur émail; les cheminées avaient cette perfection de grandeur qui en faisait des monuments : n'était-ce pas autour de la cheminée qu'après la chasse on se réunissait pour deviser sur les faits et gestes de la journée? Diane de Poitiers connaissait peu la vie sédentaire : le son du cor la réveillait le matin, et véritable déesse, elle courait dans la forêt le pieu en main, suivie de sa meute. La forêt d'Evreux a conservé plusieurs rendez-vous de chasse de la dame suzeraine d'Anet.

XXXI

ALLIANCE DE DIANE DE POITIERS AVEC LES GUISE. — MARIE STUART. — LA VIE DE CHATEAU.

1558.

Le roi Henri II, à son avènement à la couronne, avait trouvé une politique toute faite, des traités existants qu'il fallait exécuter; François de Guise qui avait expulsé les Anglais de Boulogne et de Calais, était envoyé en Italie, dans un commandement militaire, sorte d'exil, tandis que les gentilshommes huguenots, ou tiers-parti, sous l'amiral Coligni, marchaient contre les Espagnols en Flandre. A Saint-Quentin, le corps de chevalerie de Coligni éprouva une telle défaite, que Charles-Quint, du fond de son monastère, demanda à son fils Philippe II si les Espagnols étaient entrés à Paris, et le roi catholique, dans l'exaltation de sa victoire, fit vœu d'élever, à Saint-Laurent, ce fantastique monastère de l'Escurial qui fait encore l'admiration du monde (1). Il fallut rappeler en toute hâte le

(1) L'Escurial coûta six millions de ducats d'or (soixante millions de francs).

duc de Guise de son commandement d'Italie et lui confier la défense publique avec le titre de lieutenant-général : le peuple avait une telle confiance en lui, qu'il réunit toutes les forces de la monarchie, comme si elles n'attendaient que lui pour marcher. Les Espagnols furent contraints à la retraite ; le duc de Guise s'empara de la place de Guine. La conséquence fut la signature du traité de Cateau-Cambresis (1) et la paix générale avec l'Angleterre et l'Espagne.

La puissance de la maison de Guise s'accrut encore par les fiançailles de François, dauphin de France, avec Marie Stuart, fille de Jacques V, roi d'Ecosse (2), et de Marie de Lorraine, duchesse de Longueville : son enfance avait commencé triste et solitaire, au milieu des lacs. Entourée de quatre jeunes filles de son âge (7 ans), des premières familles d'Ecosse, Marie arrivait en France (3) pour s'accoutumer aux mœurs, aux habitudes de la cour si polie des Valois ; elle fut comblée de caresses par Henri II,

---

(1) La paix de Cateau-Cambresis fut signée le 13 avril 1559.

(2) Marie avait été couronnée reine d'Écosse à 9 mois (septembre 1543).

(3) Elle avait été confiée au comte de Brézé, ambassadeur de France.

et placée avec ses jeunes compagnes dans un couvent à Saint-Germain ; Marie s'y fit admirer par ses progrès dans les langues, la poésie et les lettres. A onze ans, elle parlait si bien le latin, qu'elle soutint une thèse devant les plus grands érudits pour prouver : « que les femmes doivent s'occuper de littérature aussi bien que les hommes, et que le savoir leur sied à merveille (1). » Ce n'était pas seulement à Brantôme que Marie Stuart inspirait de l'admiration, mais encore au grave chancelier l'Hospital, à Du Bellay, à tout ce qui s'occupait alors de science et des lettres à la cour de Henri II.

Quelle charmante réunion d'esprit et de grâce que la cour des Valois! des femmes poëtes, artistes, pratiquant tous les travaux de l'esprit ; Diane de Poitiers appelant Ronsard à Anet, que le poëte célébrait sous le nom de *Dianet ;* Marie Stuart cultivant la poésie depuis son enfance, et Diane de France, duchesse de Montmorency, érudite à vingt ans comme le Parnasse tout entier. La mythologie semblait insuffisante à Ronsard pour célébrer tant de beauté et de grâces, et Marie Stuart appelait Ronsard « l'Apollon de la source des Muses. »

(1) Cette thèse fut soutenue en présence de Catherine de Médicis, dans une salle du Louvre.

Puis enfin Catherine de Médicis, l'artiste par excellence, l'amie du Primatice, de Benvenuto-Cellini, dessinant elle-même les châteaux, le jardin des Tuileries et partageant sa vie entre les fêtes, les joyeuses mascarades et la patiente étude des partis; elle savait qu'il y avait plus de charme spirituel que de réalités sensuelles dans l'amour de Henri II pour Diane de Poitiers et le roi semblaient le prouver, puisque dix enfants étaient nés de son union avec Catherine dans les dix années, garçons et filles, charmante famille élevée dans les arts, la poésie, les plaisirs et les fêtes; l'aîné des fils, je l'ai dit, épousait Marie Stuart; l'aînée des filles, l'Infant d'Espagne, fils de Philippe II. Si la réformation n'était pas venue jeter son érudition disputeuse et la guerre civile à travers la renaissance et les progrès de la France, la patrie serait passé à un degré de splendeur merveilleux.

Et toute cette cour si brillante, si courtoise, vivait dans les plus belles résidences du monde. François Ier et Henri II, dans leur amour des arts, avaient mis la main à toutes les œuvres : tel est le caractère indélébile de cette architecture; on la reconnaît à la simple vue dans cette admirable galerie de vieux manoirs qui s'étend de Blois à Amboise : vus de loin, ils ressemblent à des châteaux fantastiques. Amboise fut un peu la transition de l'architecture du moyen-âge à celle de la Renaissance; Chenonceaux fut bâti comme par un enchantement capricieux sur pilotis, avec ses ponts, ses vives eaux ; il semble voir encore sur des élégantes barques, comme à Venise, toute cette cour de Henri II naviguant au milieu des cygnes au cou élancé et des carpes au collier d'or. On trouve encore à Chenonceaux une salle tout entière conservée avec ces belles cheminées soutenues par des cariatides; et comme toujours, dominé par la pensée de Diane de Poitiers, l'artiste a reproduit Diane entièrement nue (et pourtant chaste), tenant dans ses bras un cerf qu'elle semble caresser (1).

Chambord, entouré d'un parc de sept lieues, était à lui seul une création splendide ; on voyait bien que le crayon du Primatice avait dirigé ces dessins; tout se ressentait de l'Italie, de Florence, même ces lanternes de pierre qu'on dirait

---

(1) Si l'on veut se faire une idée exacte de ces châteaux à chaque époque, il faut parcourir la collection de gravures (Biblioth. Imp.). Malheureusement le désir de trop compléter, a fait donner place dans cette collection à de mauvaises estampes vendues aux foires comme l'histoire du *Juif Errant*.

des campanilles, comme à Pise, et cet ajustement des tuyaux de cheminées, ces escaliers en spirales d'un effet audacieux et charmant, ces pavillons carrés que Catherine de Médicis mit partout à la mode, témoins les Tuileries, avant qu'elles n'eussent été alourdies par les grosses galeries et les pavillons de Henri IV et de Louis XIV (1).

Déjà dans les bâtiments de Chambord on employait le moellon rouge ; ce mélange de pierre et de marbre de toute couleur enlevait aux monuments la monotonie de la pierre toujours blanche ou grise. Ces bâtiments étaient immenses, et néanmoins, vus à certaine distance, ils paraissaient légers, fluets, comme si le vent qui se jouait dans les campanilles allait les emporter par ses caprices. A Chambord, la salamandre de François Ier brille partout ; on ne trouve pas les chiffres amoureux de Diane de Poitiers et de Henri II, comme si l'on avait voulu conserver entière l'empreinte de son créateur.

Mais la grande merveille fut achevée aux der-

---

(1) Les Tuileries de Catherine de Médicis se composaient du pavillon du centre avec deux ailes que terminaient deux petits pavillons florentins, surmontés de galeries à colonnades : il n'y avait pas ces noires et grosses mansardes, chapeaux de plomb, sur le monument.

nières années de Henri II, ce fut le château dont j'ai parlé, la demeure chérie de Diane de Poitiers. Tel qu'il sortit des mains de Philibert Delorme, Anet consistait en un portique de la plus belle époque de la Renaissance, surmonté de la figure d'un beau cerf six cors, que deux levriers au repos regardent avec une sorte de respect. Sur l'autre face du portique est encore Diane nue qui tient un cerf dans les bras et le caresse de ses yeux; après le portique, vient une cour entourée de galeries à colonnes sveltes; une élégante fontaine, œuvre de Jean Goujon, avec les attributs de Diane, s'élevait au milieu (1); un second portique conduisait à une nouvelle cour également ornée de bâtiments, et au fond la chapelle. Diane de Poitiers n'avait pas oublié la mort, et son tombeau l'attendait pieusement sous les armoiries de la duchesse de Valentinois : Benvenuto-Cellini avait ciselé les galeries et les rampes en fer; Jean Goujon avait orné les chambranles, les cheminées, les portes, les fenêtres, avec un soin qui respirait l'amour,

---

(1) Quelques débris du château d'Anet ont été conservés; le plus beau morceau est à l'École des Beaux-Arts, où il fait encore l'admiration des visiteurs: on a placé encore quelques débris d'Anet, les médaillons, dans un petit édifice situé dans le quartier de François Ier aux Champs-Élysées.

l'admiration envers la grande protectrice des arts.

C'est dans ces vastes demeures aux champs que vivaient les cours de François Ier et de Henri II; les séjours des rois, des gentilshommes dans les villes étaient alors une exception, les capitales n'absorbaient pas toutes les grandeurs; le château, le monastère recueillaient le cultivateur enfant et le nourrissaient vieillard. Dans quelques miniatures du moyen-âge, celles surtout qui ornent les manuscrits de Froissard, on peut voir quels étaient les travaux des champs : le paysan à la figure riante, porte des vêtements commodes, même élégants; il foule le raisin dans la cuve, il s'abrite sous les pommiers chargés de fruits, il dort sous la treille; le soir venu, autour du feu de l'âtre il écoute les contes, les légendes, et des brocs circulent autour des tables chargées de fruits; la vieille est au rouet, la jeune fille à la toile de lin, et le jeune homme boit le vin qui fait attendre l'amour et les fiançailles.

XXXII

LE DERNIER TOURNOIS (1). — MORT DE HENRI II. — DESTINÉES DE DIANE DE POITIERS ET DE LA DUCHESSE D'ÉTAMPES.

1557 — 1578.

C'était un des nobles penchants de la chevalerie que la passion des tournois et des passes d'armes. Oui, il devait y avoir dans ce bruit de fer et d'acier, dans ce caracollement des chevaux, dans ce croisement des lances un charme indicible; chacun portait son armure brillante, son casque aux plumes de mille couleurs; on se disputait comme un prix, un regard, un gage d'honneur et d'amour. Au son des trompettes la lice était ouverte; il fallait une adresse infinie pour conduire ces chevaux caparaçonnés, braves compagnons de batailles; il fallait esquiver les coups, en porter de puissants et de redoutables aux applaudissements d'une foule avide de ces jeux. A toutes les époques les

(1) Il serait inexact de dire que le tournois de la rue Saint-Antoine fut le dernier. Charles IX fut blessé par le duc de Guise dans un tournoi donné en 1574, à Clermont-la-Marche.

luttes, les jeux d'armes furent une vive passion ; Rome antique avait ses gladiateurs, Bysance ses courses dans les hippodromes. Au moyen-âge chevaleresque, on se passionnait pour les tournois, dont la renommée retentissait dans le plus lointain pays.

Les mariages d'Elisabeth de France et de Philippe II, roi d'Espagne, et de Marguerite, sœur de Henri II, avec le duc de Savoie, venaient de s'accomplir (1). A l'occasion de ces mariages, un tournois avait été annoncé par des messagers, selon l'antique usage, dans toutes les cours d'Espagne, d'Angleterre, d'Ecosse, d'Italie.

Le lieu fixé pour la lice fut encore la rue Saint-Antoine, entre les Tournelles et la Bastille. Il y eut multitude de dames et de preux chevaliers. Après cent lances brisées, le roi voulut lui-même courir contre un capitaine de la garde écossaise du nom de Montgomery. Brantôme rapporte qu'avant le tournoi Henri II s'était fait tirer son horoscope en présence du connétable Anne de Montmorency, et qu'on lui avait annoncé qu'il serait tué en duel ; alors le roi se tournant vers le connétable lui dit : « Voyez, mon compère, quelle mort m'est présagée. —

---

(1) Mai 1559.

« Comment, sire, lui répondit le fier connétable, vous, vous pouvez croire à ces marauds qui sont menteurs et bavards; faites-moi jeter cela au feu. — « N'importe, compère, je la garde, mais j'aime autant mourir de cette manière-là, pourvu que ce soit de la main d'un chevalier brave et noble (1). » Paroles loyales dignes d'un Valois.

L'horoscope n'avait donc point arrêté ce roi qui entra fièrement dans la lice ; Henri mit donc la lance hautement en arrêt contre Montgomery qui, fort colère de voir sa propre lance brisée dans le choc, atteignit durement le roi du tronçon à la visière au-dessous de l'œil, et lui fit une plaie profonde. On crut d'abord la blessure peu dangereuse ; bientôt elle s'empira et le roi fut en danger de mort : Ce fut un grand deuil autour de ce lit de douleur : déjà les ambitions s'agitèrent. Avec la vie et le pouvoir de Henri II devait s'effacer et disparaître l'influence de Diane de Poitiers, et Catherine de Médicis, si longtemps reléguée dans les plaisirs et les arts, devenait reine et régente (2).

Aussi fit-elle donner avis à la duchesse de Valentinois qu'elle eût à se retirer de la cour;

---

(1) Brantôme, *Henri II*.
(2) Henri II mourut le 40 juillet 1559, il avait régné 43 ans.

Diane, avec beaucoup de dignité, demanda si le roi était mort : « Non, madame, mais il ne passera pas la journée. — « Je n'ai donc point encore de maître ; que mes ennemis sachent que je ne les crains point ; quand le roi ne sera plus, je serai trop occupée de la douleur de sa perte pour que je puisse être sensible aux chagrins qu'on voudra me donner. » Diane avait toujours eu un langage plein de dignité et de fierté, même envers Henri II. Quand le roi voulut légitimer sa fille, Diane lui dit : « J'étais née pour avoir des enfants légitimes de vous ; je vous ai appartenue parce que je vous aimais, je ne souffrirai pas qu'un arrêt du parlement me déclare votre concubine. »

Après la mort de Henri II, Diane de Poitiers se retira au château d'Anet, où elle vécut dans le deuil et la solitude la plus absolue, conservant auprès d'elle ses amis les plus intimes, les Montmorency et les Guise, ces grandes races. Le gouvernement était passé aux mains et aux idées de Catherine de Médicis, esprit de tempérance et de modération qui espérait tenir le milieu entre les catholiques et les huguenots. Vaine tentative ; quand les partis sont en armes, rien ne peut les empêcher d'arriver à leur fin (1).

(1) Voir ma *Catherine de Médicis*.

On le vit bientôt dans la conjuration d'Amboise, un des plus audacieux projets du parti protestant qui ne tendait à rien moins qu'à créer une république huguenote sous le protectorat du prince de Condé. Catherine de Médicis fut obligée d'appeler les Guise en aide à la royauté et avec eux Diane de Poitiers reprit quelque pouvoir jusqu'à sa mort, arrivée le 22 avril 1665, à l'âge de 66 ans ; c'était six ans auparavant que Brantôme, seigneur de Bourdeille, l'avait vue encore si belle qu'il en fut ébloui.

Avant sa mort, Diane de Poitiers avait fondé un Hôtel-Dieu à Anet pour nourrir et recueillir six pauvres veuves ; sa rivale, Anne de Pisseleu duchesse d'Étampes, la protectrice du parti huguenot, se jeta ouvertement dans la réformation ; elle embrassa le protestantisme à Genève, devint l'amie de Bèze et de Calvin ; elle mourut dans une telle obscurité, dit son biographe, qu'on ne peut dire l'époque de sa mort (1).

Le château d'Anet passa dans les mains des légitimés de Henri IV (les Vendôme), qui l'embellirent encore en respectant tous les symboles, tous les souvenirs de Diane de Poitiers et son tombeau surtout, l'œuvre réunie de Jean Goujon

---

(1) Voir sa biographie dans Michaud.

et de Philibert Delorme. Anet fut ravagé par la révolution française : toutes ces belles œuvres eussent péri s'il ne se fût trouvé un savant collecteur. M. Lenoir, le fondateur du musée des Augustins, qui l'an VIII de la république proposa au ministre de l'Intérieur (1) de recueillir tous les débris du château d'Anet pour en orner l'École des Beaux-Arts. On y voit encore quelques portiques, des cariathides, et ces inimitables ornements que Philibert Delorme et Jean Goujon jetaient partout avec une abondance de détails qu'on ne connaît plus aujourd'hui.

J'ai visité naguère les ruines abandonnées du château d'Anet; je m'arrêtai d'abord à Ivry, l'hermitage de Diane de Poitiers, près d'un moulin à eau dont le bruit monotone prêtait à la méditation et à la solitude. A Anet, le pont élégant qui précédait le pavillon du centre était frangé par le temps, comme le beau corps de Diane est dévoré par les vers du sépulcre; le pavillon que surmontaient la Diane, les chiens, le cerf, était en ruine; la chambre que Henri II aimait de prédilection était alors transformée

---

(1) La pétition existe encore, elle est recueillie (Biblioth. Impériale, cabinet des estampes, château d'Anet).

en une espèce de buanderie remplie de cornues et de baquets : une bonne et vieille femme agitait son rouet devant une belle cheminée de la Renaissance dont l'âtre était démoli. Ainsi est la destinée des choses du passé; notre orgueil se propose toujours des œuvres impérissables, et quelques années suffisent pour faire disparaître et nos œuvres et notre souvenir !

FIN.

TABLE

		Pages.
I.	— Les romans de chevalerie. xve siècle...	4
II.	— Charles VIII et Louis XII en Italie. 1480-1514...	7
III.	— Les capitaines des gens d'armes sous Louis XII. — Le comte de Saint-Vallier. — Origine de Diane de Poitiers. 1488-1514...	13
IV.	— La chronique de l'archevêque Turpin. — Le monde enchanté. 1200-1510...	20
V.	— Naissance, éducation et mariage de François Ier. 1494-1514...	27
VI.	— Première campagne de François Ier en Italie. — Victoire de Marignan. 1515-1516...	34
VII.	— Léonard de Vinci. — La belle Ferronnière. 1515-1518...	44
VIII.	— Madame de Châteaubriand. — Gouvernement du maréchal de Lautrec dans le Milanais. 1518-1520...	52
IX.	— Le camp du Drap-d'Or. 1519...	61
X.	— Défection du connétable de Bourbon. — Complicité du comte de Saint-Vallier. — Diane de Poitiers. 1520-1522...	74
XI.	— La chevalerie française dans le Milanais. — Les Espagnols en Provence. — Les dames de Marseille. 1523-1524...	82

Pages.

XII. — Les poëtes d'amour et de guerre. — Jean et Clément Marot. — Diane de Poitiers. 1524-1530. 93

XIII. — L'armée Française en Italie. — La bataille de Pavie. 1524-1525. 103

XIV. — Captivité de François Ier à Madrid. 1524-1525. 117

XV. — Négociations pour le traité de Madrid. 1625. 125

XVI. — Délivrance du roi. — Son amour pour mademoiselle d'Heilly, créée duchesse d'Étampes. — Disgrâce de madame de Châteaubriand. 1526. 136

XVII. — Le connétable de Bourbon en Italie. — Sac de Rome par les huguenots. — Calvin et la duchesse d'Étampes. 1526-1527. . 147

XVIII. — Cartel de Charles-Quint à François Ier. 1526-1527 162

XIX. — La paix de Cambrai ou des Dames. 1528. 173

XX. — Délivrance des enfants de France. — Tournoi de la rue Saint-Antoine. — Diane de Poitiers. — La duchesse d'Étampes. 1529-1530. 184

XXI. — La renaissance de l'art. — Del Rosso. — Primatice. — Benvenuto Cellini. — Bernard Palissy. 1520-1540. 194

XXII. — La renaissance dans les lettres. — Influence de Diane de Poitiers et de la duchesse d'Étampes. 1530-1545. . . . 207

XXIII. — Modification de la diplomatie du moyen-âge. — Alliance politique de François Ier avec la Porte Ottomane et les luthériens. — 1540-1547. 216

	Pages.

XXIV. — La jeune Catherine de Médicis. — La cour de François Ier. 1530-1535. . . . 224

XXV. — La France envahie une seconde fois par Charles-Quint. — La trève de dix ans. 1538-1538. 232

XXVI. — Charles-Quint à Paris. — La duchesse d'Étampes. — Les fous Triboulet et Brusquet. 1538-1540. 242

XXVII. — Les derniers jours de François Ier. 1530-1545. 250

Avènement de Henri II. — Toute puissance de Diane de Poitiers. 1547-1548. 264

XXVIII. — Le combat singulier de La Chataigneraie et Jarnac. 1547. 267

XXIX. — Le curé de Meudon. — Montaigne. — Brantôme. — Nostradamus. 1549-1560. 273

XXX. — Les arts sous Henri II. — Les demeures royales. — Chambord. — Chenonceaux. Anet. — Les artistes. — 1545-1557 . . 281

XXXI. — Alliance de Diane de Poitiers avec les Guise. — Marie Stuart. — La vie de château. 1558. 288

XXXII. — Le dernier tournoi. — Mort de Henri II. — Destinées de Diane de Poitiers et de la duchesse d'Étampes. 1557-1578. . . 296

Coulommiers. — Imprimerie de A. MOUSSIN.

www.ingramcontent.com/pod-product-compliance
Lightning Source LLC
Chambersburg PA
CBHW071252160426
43196CB00009B/1259